新型基础设施竞争力
指数系列报告

New Infrastructure Competitiveness Index Series Report

朱 岩　李红娟　主编

清华大学出版社
北京

内容简介

本书把指数方法应用于新型基础设施建设产业研究，可定量评价我国新型基础设施建设的整体发展现状和地方发展之差异，能够为各级政府在制定发展政策和行动规划时提供重要参考依据，同时也能为从事新型基础设施建设行业的企业提供必要的信息借鉴。

按照年份划分，本书包含 2 份 2020 年的报告和 3 份 2021 年的报告：《中国新型基础设施竞争力指数白皮书（2020）》《福建省新型基础设施竞争力指数报告（2020）》《中国新型基础设施竞争力指数报告（2021）》《山西省新型基础设施竞争力指数报告（2021）》《中国城市算力服务网发展指数报告（2021）》。

版权所有，侵权必究。举报：010-62782989，beiqinquan@tup.tsinghua.edu.cn。

图书在版编目（CIP）数据

新型基础设施竞争力指数系列报告 / 朱岩，李红娟主编 . 一北京：清华大学出版社，2022.8
ISBN 978-7-302-61547-7

Ⅰ . ①新… Ⅱ . ①朱… ②李… Ⅲ . ①基础设施－竞争力－研究报告－中国
Ⅳ . ① F299.24

中国版本图书馆 CIP 数据核字 (2022) 第 143818 号

责任编辑：纪海虹
封面设计：何凤霞
责任校对：王凤芝
责任印制：曹婉颖

出版发行：清华大学出版社
　　　　　网　　址：http://www.tup.com.cn，http://www.wqbook.com
　　　　　地　　址：北京清华大学学研大厦 A 座　　　邮　　编：100084
　　　　　社 总 机：010-83470000　　　　　　　　　邮　　购：010-62786544
　　　　　投稿与读者服务：010-62776969，c-service@tup.tsinghua.edu.cn
　　　　　质 量 反 馈：010-62772015，zhiliang@tup.tsinghua.edu.cn
印 装 者：北京博海升彩色印刷有限公司
经　　销：全国新华书店
开　　本：185mm×260mm　　　印　　张：9.5　　　字　　数：148 千字
版　　次：2022 年 10 月第 1 版　　　印　　次：2022 年 10 月第 1 次印刷
定　　价：98.00 元

产品编号：096401-01

编 委 会

主 编　朱　岩　李红娟

编 委　温建功　李　铭　聂靖鹏　张菁菁

鸣 谢 单 位

福建省经济信息中心

山西省发改委

长威信息科技发展股份有限公司

山西清众科技有限公司

北京易华录信息技术股份有限公司

作 者 简 介

朱岩，清华大学经济管理学院管理科学与工程系教授、博士生导师，清华大学国家治理与全球治理研究院研究员。现任清华大学互联网产业研究院院长、经济管理学院先进信息技术应用实验室主任。兼任中国网络社会组织联合会数字经济专委会副主任委员、中国技术经济学会产业数字金融技术应用实验室主任兼区块链分会理事长、中国信息化百人会成员、成都信息工程大学区块链产业学院学术院长等职务。主要研究领域为数字产业化和产业数字化、数字经济、产业区块链等。

李红娟，博士，副研究员，清华大学互联网产业研究院研究主管。主要从事数字经济、金融科技、系统安全等领域研究。获得国家发明专利授权3项、软件著作权1项，发表论文10余篇。作为核心骨干，参与多项国家高技术研究发展计划（863计划）、国家重点科技攻关项目、国家社会科学基金重点项目、国家高端智库课题、省部级课题等研究工作。

清华大学互联网产业研究院简介

清华大学互联网产业研究院（Institute of Internet Industry, Tsinghua University）是依托经济管理学院成立的校级研究机构，是首批纳入国家高端智库清华大学国家治理与全球治理研究院的校级科研机构之一。研究院交叉融合了清华大学多个学科的优秀科研力量和社会各界的专家学者，致力于数据要素、数字化发展、产业转型等方面的研究工作，为中国数字经济发展及传统产业数字化转型升级服务。研究院的发展目标是成为具有广泛影响力的产业创新研究机构，成为国家和地方政府、行业和企业的重要智库。

序 言
PREFACE

2018年12月，中央经济工作会议首次将人工智能、工业互联网、物联网等定义为新型基础设施，并提出加快5G商用步伐，加强人工智能、工业互联网、物联网等新型基础设施建设。2020年3月，央视新闻认为新型基础设施建设是发力于科技端的基础设施建设，包括特高压、新能源汽车充电桩、5G基站建设、大数据中心、人工智能、工业互联网、城际高速铁路和城际轨道交通等七大领域，这让新型基础设施的概念受到广泛关注。2020年4月20日，国家发改委在新闻发布会上正式明确了新型基础设施的定义：新型基础设施是以新发展理念为引领，以技术创新为驱动，以信息网络为基础，面向高质量发展需要，提供数字转型、智能升级、融合创新等服务的基础设施体系，并且指明新型基础设施主要包括以下3个方面：信息基础设施、融合基础设施和创新基础设施。

2021年3月，在《中华人民共和国国民经济和社会发展第十四个五年规划和二〇三五年远景目标纲要》中，明确将新型基础设施作为我国现代化基础设施体系的重要组成部分，要"围绕强化数字转型、智能升级、融合创新支撑，布局建设信息基础设施、融合基础设施、创新基础设施等新型基础设施"。新型基础设施建设（下称"新基建"）已成为我国构建以国内大循环为主体、国内国际双循环相互促进的新发展格局的重要手段，在推动产业转型升级、构建现代化产业体系、助力经济高质量发展等方面发挥重要作用。

为了科学制定新基建发展政策和行动计划，中央政府需要掌握我国新基建的整体发展水平和区域发展状况，地方政府需要了解本区域新基建的发展情况。把指数方法应用到新基建产业研究中,以定量评价我国新基建的整体发展现状和地方发展的差异,能够为各级政府在制定发展政策和行动规划时提供重要参考依据,同时也能为从事新基建的企业提供必要的信息借鉴。

新基建领域的指数分析是一个长期的过程,需要定期更新数据,才能看出发展趋势。因此,本书整理了新基建领域的指数系列报告,既包括全国性报告,也包括地方性报告,同时还包括新基建细分领域报告。按照年份划分,本书包含 2 份 2020 年的报告和 3 份 2021 年的报告:《中国新型基础设施竞争力指数白皮书(2020)》《福建省新型基础设施竞争力指数报告(2020)》《中国新型基础设施竞争力指数报告(2021)》《山西省新型基础设施竞争力指数报告(2021)》和《中国城市算力服务网发展指数报告(2021)》。这 5 份报告各自成篇,读者可根据需要深入研读,也欢迎各界专家交流探讨,不足之处请予以指正。

编　者

2021 年 12 月

目 录
CONTENTS

第一篇　中国新型基础设施竞争力指数白皮书（2020） ················ 1

前言 ··· 1
一、体系描述 ··· 2
二、整体评价 ··· 8
三、分区域评价 ··· 10
四、建议与策略 ··· 19

第二篇　福建省新型基础设施竞争力指数报告（2020） ··············· 21

一、体系描述 ··· 21
二、福建省整体评价 ·· 22
三、分地区评价 ··· 25
四、发展建议与策略 ·· 41

第三篇　中国新型基础设施竞争力指数报告（2021） ··················· 43

前言 ··· 43
一、新型基础设施竞争力指数介绍 ·· 44
二、新型基础设施竞争力指数整体状况 ·· 50
三、区域指数状况分析 ·· 58
四、总结与发展建议 ·· 78

第四篇　山西省新型基础设施竞争力指数报告（2021） ··············· 80

一、体系描述 ··· 80

二、整体评价与结果分析 ……………………………………… 82
三、山西省地市评价 …………………………………………… 87
四、发展建议与策略 …………………………………………… 104

第五篇　中国城市算力服务网发展指数报告（2021） …………… 106

前言 ………………………………………………………………… 106
一、我国算力网络发展现状 …………………………………… 108
二、中国城市算力服务网发展指数 …………………………… 113
三、中国城市算力服务网发展评价 …………………………… 119
四、发展建议 …………………………………………………… 132

参考文献 ……………………………………………………………… 135

表目录
TABLE OF CONTENTS

表1　全国新型基础设施竞争力指数体系……………………………………… 3
表2　指标体系政策依据说明…………………………………………………… 4
表3　福建省新型基础设施竞争力指数体系…………………………………… 21
表4　我国新型基础设施定义的发布进程……………………………………… 45
表5　新型基础设施各领域涉及的部分政策整理……………………………… 46
表6　地方政府新基建相关政策文件整理……………………………………… 47
表7　中国新型基础设施竞争力指数体系……………………………………… 49
表8　东部地区新型基础设施竞争力指数排名………………………………… 61
表9　中部地区新型基础设施竞争力指数排名………………………………… 66
表10　西部地区新型基础设施竞争力指数排名………………………………… 70
表11　东北地区新型基础设施竞争力指数排名………………………………… 75
表12　山西省新型基础设施竞争力指数体系…………………………………… 81
表13　山西省新型基础设施竞争力指数和一级指标指数排名汇总…………… 86
表14　中国城市算力服务网发展指数指标体系………………………………… 114
表15　指标体系解释表…………………………………………………………… 115
表16　城市算力服务网指数表…………………………………………………… 119
表17　样本城市算力需求度排名比较…………………………………………… 121
表18　京津冀地区城市算力服务网发展指数…………………………………… 122
表19　长三角地区城市算力服务网发展指数…………………………………… 124
表20　粤港澳大湾区城市算力服务网发展指数………………………………… 127
表21　成渝地区城市算力服务网发展指数……………………………………… 128
表22　中西部地区城市算力服务网发展指数…………………………………… 130

图目录
FIGURE CONTENTS

图 1　全国新型基础设施竞争力指数（不包括港、澳、台地区）……10
图 2　东部地区新型基础设施竞争力指数……11
图 3　中部地区新型基础设施竞争力指数……14
图 4　西部地区新型基础设施竞争力指数……16
图 5　东北地区新型基础设施竞争力指数……18
图 6　福建省九市一区新型基础设施竞争力指数……23
图 7　福建省九市一区新型网络基础设施指数……23
图 8　福建省九市一区新型应用基础设施指数……24
图 9　福建省九市一区新型行业基础设施指数……25
图 10　福州市新型基础设施竞争力指数……26
图 11　厦门市新型基础设施竞争力指数……27
图 12　泉州市新型基础设施竞争力指数……29
图 13　莆田市新型基础设施竞争力指数……31
图 14　漳州市新型基础设施竞争力指数……32
图 15　宁德市新型基础设施竞争力指数……33
图 16　龙岩市新型基础设施竞争力指数……35
图 17　南平市新型基础设施竞争力指数……36
图 18　三明市新型基础设施竞争力指数……38
图 19　平潭综合实验区新型基础设施竞争力指数……39
图 20　中国新型基础设施竞争力指数……51
图 21　信息基础设施指数……52
图 22　融合基础设施指数……54
图 23　创新基础设施指数……57

图目录

图24　区域新型基础设施竞争力指数 …………………………………………… 59
图25　东部地区新型基础设施竞争力指数 ……………………………………… 60
图26　中部地区新型基础设施竞争力指数 ……………………………………… 66
图27　西部地区新型基础设施竞争力指数 ……………………………………… 71
图28　东北地区新型基础设施竞争力指数 ……………………………………… 75
图29　山西省新型基础设施竞争力指数 ………………………………………… 82
图30　山西省新型基础设施竞争力二级指数 …………………………………… 83
图31　山西省信息基础设施指数 ………………………………………………… 84
图32　山西省融合基础设施指数 ………………………………………………… 85
图33　山西省创新基础设施指数 ………………………………………………… 86
图34　太原市新型基础设施竞争力指数 ………………………………………… 87
图35　运城市新型基础设施竞争力指数 ………………………………………… 89
图36　长治市新型基础设施竞争力指数 ………………………………………… 90
图37　晋中市新型基础设施竞争力指数 ………………………………………… 92
图38　晋城市新型基础设施竞争力指数 ………………………………………… 94
图39　吕梁市新型基础设施竞争力指数 ………………………………………… 95
图40　大同市新型基础设施竞争力指数 ………………………………………… 97
图41　临汾市新型基础设施竞争力指数 ………………………………………… 99
图42　阳泉市新型基础设施竞争力指数 ………………………………………… 100
图43　忻州市新型基础设施竞争力指数 ………………………………………… 102
图44　朔州市新型基础设施竞争力指数 ………………………………………… 103
图45　城市算力需求度和供给度 ………………………………………………… 120
图46　京津冀地区城市算力需求度和算力供给度得分 ………………………… 122
图47　长三角地区城市算力需求度和算力供给度得分 ………………………… 124
图48　粤港澳大湾区城市算力需求度和算力供给度得分 ……………………… 127
图49　成渝地区城市算力需求度和算力供给度得分 …………………………… 129
图50　中西部地区城市算力需求度和算力供给度得分 ………………………… 130

第一篇

中国新型基础设施竞争力指数白皮书（2020）

前　言

2018年12月，中央经济工作会议首次将人工智能、工业互联网、物联网等定义为新型基础设施，并提出加快5G商用步伐，加强人工智能、工业互联网、物联网等新型基础设施建设。2019年12月，中央经济工作会议再次强调要着力推动高质量发展，加强战略性、网络型基础设施建设。2020年1月，国务院常务会议也明确指出，要大力发展先进制造业，出台信息网络等新型基础设施投资支持政策。建设新型基础设施，对贯彻落实党中央、国务院决策部署，深入实施网络强国战略，加快推动产业升级，合理扩大有效投资，充分激发市场主体活力，增强发展动能，保持经济在合理区间运行具有重大意义。

本研究旨在以指标体系构建和指数编制的形式对中国在转化增长动力阶段的新型基础设施建设进行定量刻画。将中国新型基础设施竞争力指数指标体系分为三级。其中，一级指标划分为新型网络基础设施、新型应用基础设施和新型行业基础设施三个层次，这是对数据/信息的感知、处理和行业应用三个过程的归纳。

本研究聚焦于新型基础设施的发展条件、现状与应用，结合全国各省市区的发展情况，从产业结构的视角分析产业发展状况，反映新型基础设施产业在各省市区的建设程度和均衡程度。这将有助于决策者、从业者、研究者了解中国新型基础设施的发展现状，以更好地促进新型基础设施的建设与发展。

本研究由福建省经济信息中心、清华大学互联网产业研究院与长威信息科技发展股份有限公司共同完成。其中，福建省经济信息中心统筹安排了中国新型基础设施竞争力指标体系的构建及白皮书的撰写；清华大学互联网产业研究院完成了指标体系的科学构建与白皮书的撰写；长威信息科技发展股份有限公司为白皮书提供了数据支持。通过三方组成团队的长期协力、调研、讨论、调整和修改，最终共同完成了本研究。研究过程中难免存在观点偏颇、数据采集疏漏之处，敬请各界批评指正。

一、体系描述

（一）指标体系介绍

1. 指标设计原则

构建一个指数来评价新型基础设施的发展和实践程度是一项重要的基础性工作。科学构建新型基础设施竞争力指数的前提，是设计一个客观、准确、可行的新型基础设施竞争力指数指标体系。课题组在编制新型基础设施竞争力指数指标体系过程中，遵循了以下构建原则：

（1）兼顾广度和深度的客观性。新型基础设施竞争力指数指标体系应该是基于新型基础设施内涵的综合概括，构建的每一级指标都应该是客观反映新型基础设施的每一个视角。

（2）反映竞争能力的系统性。反映新型基础设施指标竞争力的要素，包括已获得的资源、创新能力、竞争差距、替代能力、经久力和模仿力。

（3）保证数据的简洁与可行性。要尽可能采用现有的、为公众理解和熟悉的度量指标、方法和技术，尽可能简洁明了，易于测度和计量；尽量采用已有、直观、具体的数据，减少或剔除重复性和相关性指标，以便于实践上的运用和操作。

（4）体现新型基础设施的多元性。随着人工智能、物联网、工业互联网被定义为新型基础设施，基础设施的服务已经在各个行业呈现出了多元化的发展和应用，所以，新型基础设施竞争力指数指标体系的构建，需要将创新型多元化内容包含在内。

（5）收集数据的完整性与连续性。为了确保数据的真实性和准确性，数据的采集不仅要基于一次调查的结果，还要考虑到后续定期调查可能出现的结果。这样，既能及时反映调查时点的竞争力状况，又能反映竞争力状况的动态变化，并能预见在一定条件下的发展趋势，以指导生产实践。

2. 指标体系构成

自从中央经济工作会议重新定义了基础设施建设之后，各研究机构、地方政府、企业等也紧随其后，从信息通信技术、示范试点推广、互联网行业发展、金融行业发展等角度对其所属行业或领域的新型基础设施概念进行了界定。

本报告参考了《国家信息化发展战略纲要》《信息基础设施重大工程建设三年行动方案》等相关政策文件，结合新型基础设施的实际发展情况，构建了全国新型基础设施竞争力指数体系（见表1），为评价各省市区新型基础设施的发展水平以及在全国所处的位置提供新视角，也为各省市区把握战略机遇，加快经济结构优化升级，创造经济发展新动能提供重要参考。

表1 全国新型基础设施竞争力指数体系

一级指标	新型网络基础设施指数		新型应用基础设施指数			新型行业基础设施指数					
二级指标	感知网络发展指数	宽带网络发展指数	大数据发展指数	云计算发展指数	人工智能发展指数	智慧能源设施指数	智慧医疗设施指数	两化融合设施指数	智慧教育设施指数	智慧交通设施指数	智慧农业设施指数

新型网络基础设施主要是指网络相关基础设施配套情况，通过感知网络发展指数和宽带网络发展指数2个二级发展指数，反映新一代信息网络的发展情况。

新型应用基础设施主要是指大数据、云计算、人工智能等新一代信息应用技术基础设施，通过大数据发展指数、云计算发展指数和人工智能发展指数3个二级发展指数，从要素投入角度衡量新一代应用基础设施的建设情况。

新型行业基础设施主要是指在网络基础设施和应用基础设施的支持下，发展形成的各类行业基础设施，通过智慧能源设施指数、智慧医疗设施指数、两化融合设施指数、智慧教育设施指数、智慧交通设施指数、智慧农业设施指数6个二级发展指数，反映新一代基础设施的行业建设情况。

3. 指标划分依据

围绕一级指标的具体细化，课题组梳理并分析了我国新基建相关系列政策，根据"数字中国"建设过程中不同领域的发展目标和主要任务，识别出二级指标，具体如表2所示。

表2 指标体系政策依据说明

一级指标	二级指标	政策依据
新型网络基础设施指数	感知网络发展指数	《国民经济和社会发展第十三个五年规划纲要》 《"十三五"国家信息化规划》 《信息通信行业发展规划（2016—2020年）》 《关于全面推进移动物联网（NB-IoT）建设发展的通知》
	宽带网络发展指数	
新型应用基础设施指数	大数据发展指数	《国民经济和社会发展第十三个五年规划纲要》 《促进大数据发展行动纲要》 《大数据产业发展规划（2016—2020年）》 《云计算发展三年行动计划（2017—2019年）》 《新一代人工智能发展规划》
	云计算发展指数	
	人工智能发展指数	
新型行业基础设施指数	智慧能源设施指数	《能源发展战略行动计划（2014—2020年）》 《能源技术革命创新行动计划（2016—2030年）》 《关于加快电动汽车充电基础设施建设的指导意见》
	智慧医疗设施指数	《"健康中国2030"规划纲要》 《国务院关于实施健康中国行动的意见》 《国务院办公厅关于促进"互联网+医疗健康"发展的意见》
	两化融合设施指数	《中国制造2025》 《国务院关于积极推进"互联网+"行动的指导意见》 《国务院关于深化"互联网+先进制造业"发展工业互联网的指导意见》
	智慧教育设施指数	《中国教育现代化2035》 《加快推进教育现代化实施方案（2018—2022年）》

续表

一级指标	二级指标	政策依据
新型行业基础设施指数	智慧交通设施指数	《交通运输科技"十三五"发展规划》 《交通运输信息化"十三五"发展规划》 《交通强国建设纲要》 《推进智慧交通发展行动计划（2017—2020年）》
	智慧农业设施指数	《全国农业现代化规划（2016—2020年）》 《数字乡村发展战略纲要》

新型网络基础设施是以感知网络、宽带网络等为代表的网络能力建设，以保证信息从采集、传输到存储、处理全过程的高效与可靠，对新型应用基础设施及新型行业基础设施起到服务和支撑的作用。根据《国民经济和社会发展第十三个五年规划纲要》《"十三五"国家信息化规划》《信息通信行业发展规划（2016—2020年）》等政策规划，要求建设泛在先进的宽带网络，逐步缩小城乡"数字鸿沟"，推进物联网感知设施规划布局，加快升级通信网络基础设施，到2020年基本建成高速、移动、安全、泛在的新一代信息基础设施。因此，围绕新型网络基础设施指数维度，选取感知网络、宽带网络2个二级发展指数，构成新型网络基础设施指数评价指标，以反映新一代信息网络的发展情况。

泛在先进的信息基础设施是数字经济发展的基石，以物联网、人工智能、大数据、云计算等为代表的新一代信息技术，推动信息基础设施向高速化、泛在化、智能化方向发展，成为各行业数字化转型过程中的应用基础。根据《国民经济和社会发展第十三个五年规划纲要》《"十三五"国家信息化规划》《促进大数据发展行动纲要》《新一代人工智能发展规划》《大数据产业发展规划（2016—2020年）》《云计算发展三年行动计划（2017—2019年）》等政策规划，要以技术创新为突破口，提升新一代信息技术在信息采集、信息分析和处理等方面的支撑能力，促进大数据、云计算、人工智能等领域核心技术的研发和产业化，以信息流带动技术流和资金流，打造一批具有自主知识产权的关键核心技术和领先的商业模式，深度挖掘信息基础设施应用潜力。因此，就新型应用基础设施指数维度，选取信息技术在关键核心技术领域的创新投入和资本投入，形成3个二级发展指数，构成新型应用基础设施指数评价指标，从要素投入角度衡量新一代应用基础设施的建设情况。

新型基础设施是传统基础设施的智能化阶段，但只有通过与经济社会各领域深度融合，才能发挥新一代信息技术对于全要素生产率的提升作用。根据《中国制造2025》《"健康中国2030"规划纲要》《中国教育现代化2035》《交通强国建设纲要》《数字乡村发展战略纲要》《能源发展战略行动计划（2014—2020年）》等政策规划的目标与任务，要充分利用新一代信息技术和现代产业体系的融合发展的机遇，促进工业、农业、能源等传统产业转型升级，提升医疗、教育、交通等民生领域资源配置效率，积极培育和壮大新产品、新业态、新模式，到2020年实现信息技术和经济社会深度融合，充分释放数字红利。因此，就新型行业基础设施指数维度，选取工业、农业、能源三大传统产业，以及教育、医疗、交通三大民生重点领域，确定6个二级行业基础设施指数，构成新型行业基础设施指数评价指标，以反映新一代基础设施的行业建设情况。

4. 指标赋权方法

在多指标综合指数体系中，根据权重计算时是否需要原始数据，可将权重的计算方法分为主观赋权法和客观赋权法两大类别。主观赋权法主要由相关领域专家根据主观判断而得，如层次分析法、专家咨询法、专家排序法等。客观赋权法主要依据各指标的具体数值计算而得，如主成分分析法、方差赋权法、变异系数法等。主观赋权法与客观赋权法各有优劣，各适用于不同的情况。

本研究拟采用主观赋权和客观赋权相结合的方法来确定各级指标权重。首先通过层次分析法求得各二级指数对一级指数的权重，以及各一级指数对上层目标指数的权重，再利用变异系数法求得三级指标对上层二级指标的权重，最后形成各具体指标对总指标的组合权重。

（二）数据来源介绍

本研究的评价数据选取遵循合理性、科学性和权威性的基本原则。数据的主要来源包括：

（1）官方统计的数据和报告，例如国家年度统计公报、各类统计年鉴等。

（2）国家政府职能部门发布的统计数据和报告，例如工信部、科技部等部委公布的各类报告、通知等。

（3）各省政府定时公布的年度统计公报、年度数据报告和新闻发布会数据。

（4）具有较高公信力的、在某些专业领域具有权威的社会机构发布的研究报告等。

（三）计算公式说明

在多指标综合评价中，"指数合成"是指通过一定的模型将对事物不同方面的评价值综合在一起，以得到一个整体性评价。可用于合成的数学方法很多，常见的合成模型有加权算术平均合成模型、加权几何平均合成模型，或者加权算术平均和加权几何平均的混合合成模型。这里，我们选用算术平均合成模型。总指数以式（1）计算，一级指数以式（2）计算，二级指数以式（3）计算。

$$\text{ICI} = \sum_{k=1}^{3} d_k \times m_k \quad (1)$$

$$d_k = \sum_{j=1}^{n} y_j \times m_j \quad (2)$$

$$y_j = \sum_{i=1}^{n} x_i' \times m_i \quad (3)$$

其中，ICI（Infrastructure Competition Index）为新型基础设施竞争力指数；m_k 为 d_k 的权重；d_k 为第 k 个一级指数；m_j 为 y_j 的权重；y_j 为第 j 个二级指数；x_i' 为第 i 个标准化之后的三级指标；m_i 为 x_i' 的权重；n 为评价指标的个数。

综合指数的最终结果通常是由下往上（从三级到二级，再到一级，最后得到总指数）逐级汇总所得：首先计算各级分组指数，再通过各级分组指数加权汇总得到综合指数。

至此，新型基础设施竞争力指数指标体系全部构建完成。之后，利用此指标体系，可对全国及省市的新型基础设施竞争力进行评价，进而给出发展建议和策略。

二、整体评价

通过大力推进网络强国、数字中国等战略的实施，我国的新型基础设施建设卓有成效。5G、大数据、云计算和人工智能等正在推动新型基础设施的建设和应用，深化与经济社会各领域的融合，创造出新的行业应用和产业布局，推动经济高质量发展。基于 ICI 指数指标体系及测算模型的评价结果，2019 年，全国新型基础设施竞争力指数的平均分为 75.3，其中，新型网络基础设施的平均分为 76.5，新型应用基础设施的平均分为 74，新型行业基础设施的平均分为 75.7。

（一）新型网络基础设施加速完善

我国已建成全球最大、世界领先的光纤通信网络和移动通信网络。截至 2019 年 11 月底，我国 4G 用户数量为 12.76 亿，渗透率达 79.7%，较上年末提高了 5.3 个百分点。光纤用户为 4.18 亿户，渗透率达 92.5%。网络提速效果显著，已迈入千兆时代。百兆及以上宽带用户为 3.8 亿户，占比达 84%，较上年末提高了 13.7 个百分点，千兆以上宽带用户达 72 万户。2018 年，我国物联网产业规模达到 1.33 万亿元，物联网连接规模为 23 亿，预计到 2020 年我国物联网市场规模将达到 2.2 万亿元，到 2025 年我国物联网连接数将达 53.8 亿。同时，我国积极推动 5G 引领发展战略。目前，我国拥有的 5G 专利数占全球的 30.3%，已开通 12.6 万个 5G 基站，5G 手机芯片也投入商用。2020 年将是 5G 基站大规模建设期，5G 将逐步部署到全国各个城市。未来 5 年，5G 将间接拉动经济总量 24.8 万亿元。

（二）新型应用基础设施快速发展

在大数据方面，我国大数据产业生态体系正迈入成熟阶段，大数据技术已逐步成为支撑型的基础设施，其发展方向也向个性化的上层应用聚焦。截至 2019 年，我国大数据产业规模超过 8 000 亿元，预计到 2020 年年底将超过万亿元。同时，我国数据量年均增速超过 50%，预计到 2020 年数据总量有望达到 8 000EB，占全球数据总量的 21%，将成为名列前茅的数据资源大国和全球数据中心。在云计算方面，我国云计算处在快速发展阶段，企业上云已成为趋势，云管理服务业、智能云、边缘云等市场开始兴起。云原生概念不断普及，云边、云网技术体系逐渐完善。

2018年，我国云计算产业规模达962.8亿元，同比增长39.2%，预计2019年将达到1 290.7亿元，2020年将破2 000亿元。在人工智能方面，我国人工智能产业已成为全球范围内的第二大力量，专利数量步入国际领先行列。2018年，我国人工智能市场规模约为339亿元，同比增长52.8%，占全球市场份额的12.6%。根据《新一代人工智能发展规划》，2020年我国人工智能的技术与应用将发展至世界领先水平，同时核心产业规模超过1 500亿元。

（三）新型行业基础设施不断拓展

目前，大数据、云计算、人工智能等新一代信息技术开始大规模融入金融、制造、物流、零售、文娱、教育、医疗等行业的生产经营环节中，并由第三产业向第二产业、第一产业逆向渗透，行业应用领域日益丰富、全面，数字化、网络化、智能化转型升级不断加快，新模式、新业态蓬勃发展。在两化融合方面，截至2019年6月，我国企业关键工序数控化率和数字化研发工具普及率分别为49.5%和69.3%。开展网络化协同、服务型制造、大规模个性化定制的企业比例，分别达到了35.3%、25.3%和8.1%。国内具有一定影响力的工业互联网平台已超过50个，在全球范围内处于领先地位。在智慧医疗方面，我国已成为仅次于美国和日本的世界第三大智慧医疗市场。截至2018年年底，我国智慧医疗行业投资规模超700亿元，预计2019年将达880亿元，2020年有望突破千亿元。在智慧教育方面，2018年我国智慧教育市场规模达5 320亿元，预计2020年将达7 200亿元，2022年有望突破万亿元。目前，全国中小学校互联网接入率已达97.6%，多媒体教室普及率达93.21%。信息化教学日渐普及，"课堂用、经常用、普遍用"的格局初步形成。在智慧交通方面，近年来，我国政府从路网规划、交运系统建设、交通管理等方面推进智慧交通，智慧交通基础设施和装备智能化水平大幅提升。2019年，中国智慧交通技术支出为432亿元左右，预计2020年将达到500亿元左右，2024年将达到840亿元左右。在智慧能源方面，我国智慧能源步入全面探索推进时期，国家能源局首批55个"互联网+"智慧能源（能源互联网）示范项目，建设成效良好。在智慧农业方面，据有关机构预测，到2020年，我国智慧农业潜在市场规模有望由2015年的137亿美元增长至268亿美元，年复合增长率达14.3%，市场前景十分广阔。

三、分区域评价

由于各省市区在新型基础设施建设的起步时间、发展资源等不尽相同，导致了新型基础设施建设水平出现明显差异，如图1所示。北京市的新型基础设施竞争力指数达90.1，排名第一；上海、江苏、浙江、福建、广东的新型基础设施竞争力指数分布在80～90之间；山东、河北、河南、湖北、四川、天津、贵州、湖南、安徽、重庆、陕西、云南、广西、宁夏、江西、山西、辽宁、吉林、甘肃、内蒙古的新型基础设施竞争力指数分布在70～80之间；黑龙江、海南、新疆、青海、西藏的新型基础设施竞争力指数分布在60～70之间。

图1 全国新型基础设施竞争力指数（不包括港、澳、台地区）

（一）东部地区新型基础设施竞争力指数为 81.2

东部地区依靠自身区位优势和先发优势，实现新型基础设施率先发展。在新型基础设施竞争力指数排名全国前 10 位的省份中有 8 个属于东部地区。北京市、上海市、江苏省、浙江省、福建省、广东省凭借政策部署和资金投入的前瞻性以及信息产业集聚优势，新型基础设施竞争力指数排名全国前 6 位。东部地区新型基础设施竞争力指数如图 2 所示。

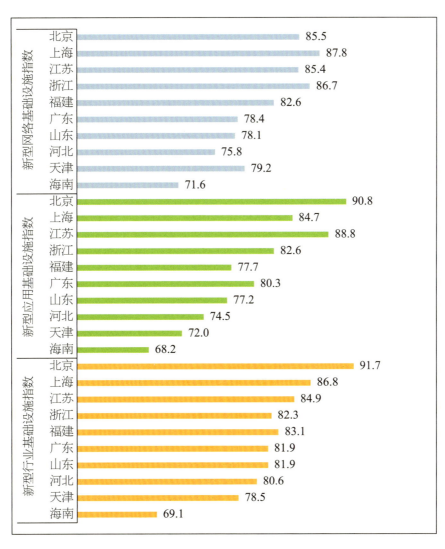

图 2　东部地区新型基础设施竞争力指数

1. 新型网络基础设施指数

东部地区的平均值为 81.1。上海市、浙江省和北京市是全国网络建设的"急先锋",3 省市政策部署及资金投入的前瞻性保障了网络建设的完善,在网络基础建设上具有相对领先优势,位列全国前 3。江苏省和福建省网络基础建设较为完善,正在加快 5G 网络建设,预计到 2020 年江苏省和福建省将分别建成 5G 基站 5.5 万个和 1 万个,在全国范围内也处于领先地位。同时,两省积极制定新型网络基础设施发展规划,通过政策和资金持续引导省内网络基础设施的建设。天津市加快网络基础设施建设,预计到 2020 年,将建成具备 1 000 万规模物联能力的新型蜂窝网络。

2. 新型应用基础设施指数

东部地区的平均值为 79.7。北京市和江苏省的指数分别为 90.8 与 88.8,位列全国前 2,主要源于大量电子信息、互联网龙头企业在两省市"落地开花",具有明显的产业集聚优势,大数据、人工智能等行业应用水平较高。北京市人工智能企业数量约 400 家,专利数达 8 000 多件,位居全国第一,实力强劲。江苏省人工智能产业拥有强劲竞争力,专利发明申请超过 1 000 件,科研实力、成果转化等多个指标位于全国前列。上海市、浙江省、广东省和福建省的新型应用基础设施分别排名全国第 3~6 位。4 省市都坚持创新引领和数据驱动的发展战略,城市集聚和企业集聚优势较为明显。上海市人工智能核心企业突破了 1 000 家,人工智能相关产业规模为 700 亿元,计划到 2021 年打造 10 家龙头创新企业,100 家创新标杆企业,超千亿的重点产业产值规模。浙江省提出了建设"数字大湾区"规划。2019 年 5 月,"大湾区"接洽了 11 个大数据项目、6 个人工智能项目,投资额达 120.7 亿元,行业应用持续深化。广东省建设珠江三角洲国家大数据综合试验区,坚持以大数据、云计算等应用技术进行创新驱动。福建省从 2010 年起超前布局物联网,物联网核心产值已超千亿元,具有良好的发展态势。山东省集约部署了 5 个全省大数据中心,其中山东移动济南云数据中心是华东地区最大的综合型五星级数据中心,大数据产业蓬勃发展。

3. 新型行业基础设施指数

东部地区的平均值为 82.1。北京市的指数为 91.7，处于全国领先位置，信息化基础和技术应用拥有极大优势，并通过新型应用驱动医疗、交通等多个行业"智慧"化发展，以实现信息惠民、产业升级，在全国范围内起到了引领作用。北京市大力发展智慧交通，ETC 发行总量超过全国总量的 6%，建成了全国首个将交通动态监测分析、视频资源管理与公众信息发布一体化的省级综合交通运行监测业务平台。上海市、江苏省、福建省、浙江省、广东省、山东省在政府鼓励行业创新的前提下，"智慧+"持续发力赋能多个行业领域，各行业与信息化融合程度较高。上海市两化融合表现突出，两化融合指数得分位居全国前列。江苏省累计拥有工信部制造业与互联网融合发展试点示范项目 39 个。福建省在智慧医疗领域具有先发优势和成熟的顶层设计，加快推进了全民健康信息"五大平台"。浙江省持续推进数字化新业态发展，加强智慧高速公路建设，先行先试智慧海洋等标志性项目工程。广东省在各级健康医疗数据中心及集成平台上实现了健康医疗大数据的共享，2 277 个偏远村实现了远程医疗与"AI 医生"全覆盖。山东省实施智能制造"1+N"提升工程，以推进产业发展智能化升级。河北省大力推动互联网技术与农业生产深度融合，通过推广物联网应用示范技术，不断提升农业生产过程的信息化程度。天津市先后开展了智能交通一期、二期工程，汇聚了全市 49 家交通运输行业单位全口径数据，并可实现跨行业数据交换和动态数据实时监控。海南省与中国交通通信信息中心在交通运输信息化领域开展全方位合作，打造智慧交通省。

（二）中部地区新型基础设施竞争力指数为 75.0

近年来，中部地区发展趋势明显，通过积极承接产业转移，新兴产业快速成长，新型基础设施建设展现了良好的发展前景。河南省以建设国家大数据（河南）综合试验区为契机，大力推进大数据、5G 网络、人工智能、新型显示、智能终端等产业集群建设，新型基础设施竞争力指数为 77.9，位列全国第八。其余省份均处于全国中游水平。中部地区新型基础设施竞争力指数如图 3 所示。

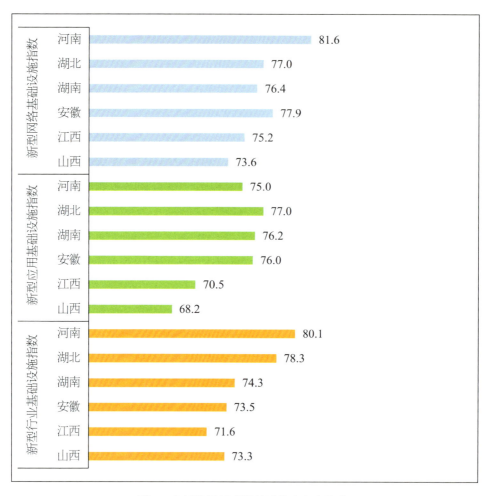

图 3 中部地区新型基础设施竞争力指数

1. 新型网络基础设施指数

中部地区的平均值为 77.0，略高于全国平均值（76.5）。河南省新型网络基础设施建设较好，指数为 81.6，位居全国第五。随着 5G 时代的到来，湖北省、湖南省、安徽省、江西省和山西省不断加快建设网络基础设施，大力实施信息基础设施提升改造工程、城市高速光纤宽带网络建设工程、移动通信网络建设工程等重点项目。预计到 2020 年年底，山西省基本建成以高速光纤宽带骨干网络和 4G、5G 移动通信网络为基础，以一批云计算、大数据中心等节点为核心，以互联网协议第六版（IPv6）、移动物联网（NB-IoT）、工业互联网等新技术新应用为支撑的新一代通信基础设施。中部地区的新型网络基础设施建设仍有较大的提升空间，各地方政府可以通过财税政策、产业政策、资本市场政策等一系列政策加大鼓励和扶持的力度，同时在发展环境、财税支持、人才支撑等方面给予各项保障。

2. 新型应用基础设施指数

中部地区的平均值为 73.8。湖北省、湖南省、安徽省在新型应用基础设施的发展上略为领先，并大力推进大数据、云计算和人工智能的发展，诸如筹备国家级产业试验区，建设融合应用平台等，以加快推动制造模式向数字化、网络化、智能化转变。江西省和山西省仍需加强新型应用基础设施建设。其中，江西省自 2017 年开始就积极推进南昌市、上饶市、抚州市大数据云计算项目建设，与浪潮、腾讯、中国电信等公司签署战略合作协议，落地了多个云计算、大数据中心项目。

3. 新型行业基础设施指数

中部地区的平均值为 75.2。河南省新型行业基础设施指数为 80.1，排名全国第九。各省市积极推进智能科技产业发展，加快建设智慧城市，实施一批智能化应用示范项目，推动了大数据智能化在政务、教育、医疗、交通等领域的广泛应用。河南省数百所学校与某知名互联网公司合作试点"智慧校园"，实现新生报名、信息采集等工作的电子化。湖北省推动"互联网+现代农业"全面发展，深入开展"互联网+北斗+农机"项目。江西省、安徽省和山西省仍有较大发展空间，应加大在资金、技术创新、人才等方面的支持力度，从统筹规划、推动创新、政策支持、评估机制、管理监测、优化行业环境等方面支持新兴产业发展。

（三）西部地区新型基础设施竞争力指数为 71.7

西部地区经济发展水平总体上欠发达，新型基础设施建设仍需加强。四川省大力发展大数据、人工智能、5G、超高清视频、电子信息基础产业和数字文创产业。贵州省一直把大数据作为转型升级的重要引擎，并成为国家首个大数据综合实验区。重庆市深入实施以大数据智能化为引领的发展战略。西部地区新型基础设施竞争力指数如图 4 所示。

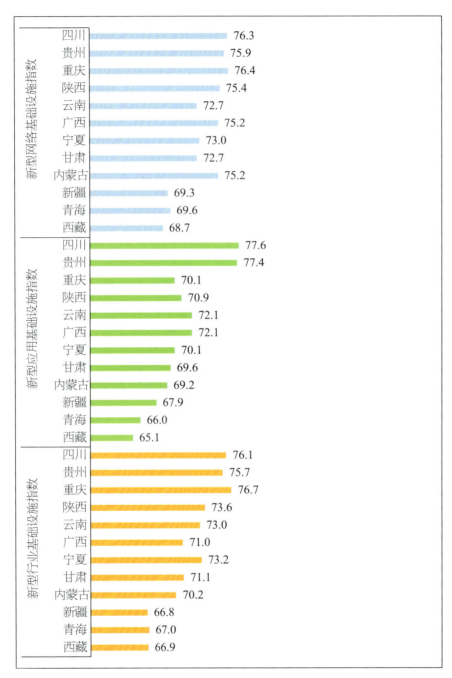

图 4 西部地区新型基础设施竞争力指数

1. 新型网络基础设施指数

西部地区的平均值为 73.4。四川省、贵州省、重庆市、陕西省、云南省、广西壮族自治区、宁夏回族自治区、甘肃省、内蒙古自治区的指数都在 72.7～76.4

之间，差距不大。宁夏回族自治区着力推动5G在银川市等重点地市的建设，同时重点进行信息平台、云计算公共平台等基础设施建设，全面布局了新型网络基础设施建设；甘肃省大力支持5G通信网建设发展，推动了5G规模组网、技术研发、产业培育和商业化应用；青海省5G信号已覆盖西宁市、海东市的部分重要场所和重点民生地区。鉴于受限于地理位置、人才储备等因素的影响，西部地区新型网络基础设施的发展可以借鉴其他省区的发展经验，结合自身区位环境条件，在产业政策、人才保障、环境建设等方面，大力扶持新型网络基础设施的建设。

2. 新型应用基础设施指数

西部地区的平均值为70.7。四川省和贵州省表现良好，指数分别为77.6与77.4，超过全国平均值（74.0）。西部地区支柱产业多以第一产业为主，第二、三产业占比较低，城市信息化发展基础较弱，不利于新型应用基础设施建设。近年来，这些省区正不断加快新型应用基础设施的建设。四川省和贵州省大力提升城市智能化水平，深化信息技术在城市管理、民生服务、企业发展等领域的创新与应用。预计到2020年年底，四川省大数据产业与人工智能核心产业产值规模均有望突破1 000亿元，成为全省新兴支柱产业。贵州省一直把大数据作为转型升级的重要引擎，并成为国家批准的全国第一个大数据综合实验区，也是国家超级大数据中心项目三大中心基地的南方基地。云南省提出率先开放旅游等12个重点行业、服务业等8个重点领域大数据。内蒙古自治区建成了赤峰市北斗星农业大数据中心、全区首家机器人产业基地。西部地区新型应用基础设施的建设应对传统行业进行改造升级，加强与社会经济发展的深度融合，在技术上实现突破，在应用中锤炼技术，设立科技创新基地，加强人才队伍建设，结合地区特点和发展基础加速布局新型应用基础设施的建设。

3. 新型行业基础设施指数

西部地区的平均值为71.8。四川省、贵州省、重庆市、陕西省、云南省和宁夏回族自治区的指数得分高于区域平均值，这些省区立足自身行业基础、人才背景，对新兴产业的发展提出了政策支持和引导，取得了一定的成效。四川省利用百度人工智能技术和京东城市全球研发中心等助力智慧城市建设。宁夏回族自治区重点围绕新材料、新能源、先进装备制造、节能环保等七大领域，支持科技成果转化项目。云南省以淘汰落后产能、集中发展六大新兴产业为核心，开启新兴行业建设布局。青海省、新疆维吾尔自治区和西藏自治区正在布局推进新型行业基础设施的建设。青海省以智慧农业大数据高峰论坛为契机，吸引更多力量共商大数据产业合作和智慧农牧业新未来。为加速新型行业基础设施建设的发展，西部地区应从优化产业结构，提高产业多样性，加强新兴技术人才储备等方面入手，打造智慧城市，便捷民众生活。

（四）东北地区新型基础设施竞争力指数为70.8

近年来，东北地区经济增长压力较大，新型基础设施发展相对缓慢。辽宁作为区域内新型基础设施发展的领跑省份，着力打造以沈阳为中心，集合其他城市优质资源，进而覆盖整个东北地区的大数据产业中心和大数据衍生品交易中心。东北地区新型基础设施竞争力指数如图5所示。

图5 东北地区新型基础设施竞争力指数

1. 新型网络基础设施指数

东北地区的平均值为72.7，与西部地区无明显差异（73.4）。辽宁省高度重视5G网络建设，先后印发《辽宁省5G产业发展方案（2019—2020年）》《辽宁省加快 5G 通信网络投资建设工作方案》等文件，预计在 2020 年将建成 2 万个以上 5G 基站，网络覆盖全省 14 个地市。2019 年，黑龙江省和吉林省开始 5G 商用。黑龙江省发布《黑龙江省加快推进 5G 通信基础设施建设实施方案》。预计 2020 年，吉林省将新建 5G 基站 7 500 个。

2. 新型应用基础设施指数

东北地区的平均值为 68.6。辽宁省重点发展人工智能、大数据、云计算等领域，并大力推进落实。吉林省推动多领域数据中心建设，实施了吉林云数据存储基地、净月数据中心、吉林省能源大数据中心等项目。预计到 2020 年，黑龙江省运营大数据中心总数将达到 25 个。

3. 新型行业基础设施指数

东北地区的平均值为 71.4。吉林省的指数为 72.7，在东北地区具有一定优势。吉林积极推进"数字政府"建设，"吉林祥云"平台一期工程、一体化政务服务平台建成运行，省级 90% 以上政务服务事项实现网上可办。推动建设吉浙数字经济产业园，合作设立规模为 100 亿元的新旧动能转换基金，引进浙江项目 176 个。辽宁省制定实施了《辽宁省工业互联网创新发展三年行动计划（2021—2023 年）》，推出了一批工业互联网项目。华为锦州云计算数据中心已启动运行，上云企业有 3 万多户。黑龙江省积极布局人工智能与实体经济融合，优化产业发展环境，力争到 2020 年，在智能医疗、智慧健康、智能交通、智能农林业、智能安防、智能教育等重点领域形成一批标志性产品，并获得广泛应用。

四、建议与策略

（一）因地制宜，选择新型基础设施建设的高质量发展模式

新型基础设施是对传统基础设施的扩展，新基建要素的投入将通过激发新需求来促进新增长，为产业升级和经济社会转型提供数据支持和硬件保障。因此，各地基础设施建设的转型方向要顺应本地产业结构及其变迁方向，结合自身经济发展水平和基础设施完善情况，因地制宜、因时制宜地确定适合本地实际情况的

新型基础设施建设模式。如在制造业基础好的区域，优先发展和支持工业互联网、物联网、5G通信等的建设，在经济欠发达地区，重点投资智慧医疗、智慧教育等行业基础设施，利用新基建提升本地公共服务能力。

（二）主动统筹规划，完善新型基础设施建设的地方制度安排

现阶段，我国新型基础设施建设尚处于起步阶段，因此各地政府应建立一套系统的制度规划，分阶段细化省级/市级/区级政策、发展规划、指导意见、行动计划和工作方案等，从意识形态到行动纲领的不同层次上，提高对新型基础设施建设的价值认识，让基层人员做到有章可循，有序推进新型基础设施建设工作。特别是在新型基础设施的建设初期，要因势利导出台新基建投资鼓励计划和研发补助等重点支持政策，针对性地提高各区域基础设施转型的质量与效率。

（三）引导投融资，鼓励新型基础设施建设中的多元化融资方式

各地区应综合运用金融政策、财税政策，支持新型基础设施的建设。其中，地方债作为一种长期融资工具，应适度聚焦基础设施转型短板，提高新型基础设施专项债在地方债中的整体比例，特别是鼓励地方政府加大工业互联网平台、物联网平台和人工智能平台的专项债水平。此外，考虑到新基础设施投资回报周期较长的特点，适度延长新基建相关企业的政策适用期。

（四）创新驱动，培育新型基础设施建设的创新潜力与人才梯队

激发新型基础设施的建设，各地区依然需要以自主创新能力作为内生增长动力，重视技术创新与知识创新的协同。其一，强化本地龙头企业创新主体地位，以区域龙头企业的技术溢出和创新溢出，带动本地中小企业和地方公共服务机构的技术转型。其二，引进并培育围绕新型基础设施建设的多层次人才，汇聚高层次人才，培育与新型基础设施相匹配的人才梯队，为地区创新发展注入持久动力。其三，重视各类创新主体相互协同的技术创新体系，提升地区产学研合作的深度和广度，加快新型基础设施建设的试点落地，带动相关产业的集聚与发展。

第二篇

福建省新型基础设施竞争力指数报告（2020）

一、体系描述

2018年12月，中央经济工作会议重新定义了基础设施建设，首次将人工智能、工业互联网、物联网等定义为新型基础设施。2019年7月，中共中央政治局会议又提出要加快推进信息网络等新型基础设施建设。各研究机构、地方政府、企业等也紧随其后，从信息通信技术、示范试点推广、互联网行业发展、金融行业发展等角度对其所属行业或领域的新型基础设施概念进行界定。

本报告参考了国家《国民经济和社会发展第十三个五年规划纲要》《国家信息化发展战略纲要》《信息基础设施重大工程建设三年行动方案》等相关政策文件，结合新型基础设施的实际发展情况，构建了福建省新型基础设施竞争力指数指标体系（见表3），来定量描述福建省各地区新型基础设施的发展现状，明确各地区在全省新型基础设施建设过程中所处的位置，为福建省及地方政府把握战略机遇，加快经济结构优化升级提供重要参考。

表3　福建省新型基础设施竞争力指数体系

一级指标	新型网络基础设施指数		新型应用基础设施指数			新型行业基础设施指数					
二级指标	感知网络发展指数	宽带网络发展指数	大数据发展指数	云计算发展指数	人工智能发展指数	智慧能源设施指数	智慧医疗设施指数	两化融合设施指数	智慧教育设施指数	智慧交通设施指数	智慧农业设施指数

（一）新型网络基础设施

新型网络基础设施主要是指网络相关基础设施配套情况，通过感知网络发展指数和宽带网络发展指数两个二级发展指数，反映新一代信息网络的发展情况。

（二）新型应用基础设施

新型应用基础设施主要是指大数据、云计算、人工智能等新一代信息应用技术基础设施，通过大数据发展指数、云计算发展指数和人工智能发展指数 3 个二级发展指数，从要素投入角度衡量新一代应用基础设施的建设情况。

（三）新型行业基础设施

新型行业基础设施主要是指在网络基础设施和应用基础设施支持下，发展形成的各类行业基础设施，通过智慧能源设施指数、智慧医疗设施指数、两化融合设施指数、智慧教育设施指数、智慧交通设施指数、智慧农业设施指数 6 个二级发展指数，反映新一代基础设施的行业建设情况。

二、福建省整体评价

（一）总体分析

福建省九市一区新型基础设施竞争力指数如图 6 所示。总体来看，省内新型基础设施建设水平较为良好，由于发展基础和起步时间不同，各地区新型基础设施发展水平存在明显差异。排名首位的为福州市，指数为 85，排名末位的为平潭综合实验区，指数仅为 61。分区域看，东部沿海地区新型基础设施发展水平普遍高于西部内陆地区，东部沿海城市经济基础好、区位优势大，是新型基础设施发展的前沿地带。将福建省九市一区新型基础设施竞争力指数按得分由高到低分为两个梯队，福州市、厦门市和泉州市为第一梯队，平均值为 80，三大城市凭借其地理位置、科技、人才等方面的优势，在各二级指标的排名中均位居前列，是福建省新型网络、应用行业基础设施的"大本营"，是福建省新型基础设施建设的领军层地区。莆田市、漳州市、宁德市、龙岩市、南平市、三明市和平潭综合实验区为第二梯队，平均值为 65，第二梯梯队各地区发展各有特色，但不均衡，总体发展水平低于第一梯队，是福建省新型基础设施建设的发展层地区。

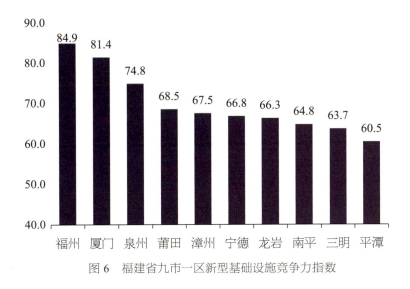

图 6 福建省九市一区新型基础设施竞争力指数

（二）新型网络基础设施指数

福建省九市一区的新型网络基础设施指数如图 7 所示。新型网络基础设施状况是新型应用和行业基础设施发展的重要支撑，福建省新型网络基础设施发展呈现出东强西弱的特点。东部城市福州市、厦门市、泉州市为第一梯队，平均值为

图 7 福建省九市一区新型网络基础设施指数

81，其中厦门市的新型网络基础设施发展表现尤为突出。整体来看，第一梯队均为经济实力较强的区域中心城市，这表明良好的经济基础为新型网络基础设施的提升创造了条件。莆田市、漳州市、宁德市、龙岩市、南平市、三明市和平潭综合实验区为第二梯队，平均值为64，第二梯队各地区发展水平无明显差异，蕴藏着巨大发展潜力。

（三）新型应用基础设施指数

福建省九市一区的新型应用基础设施指数如图8所示。省内各地区的新型应用基础设施的发展有较大差距，呈现明显分层趋势，福州市和厦门市位于第一梯队，平均值为87。福州市和厦门市行业基础扎实，依托国家级互联网骨干直联点、国家健康医疗大数据中心、国家国土资源大数据中心等项目的建设，围绕大数据、云计算和人工智能的应用，积累了良好的数据资源和应用基础。泉州市、莆田市、漳州市、宁德市、龙岩市、南平市、三明市和平潭综合实验区位于第二梯队，平均分为63，在新型应用基础设施上的投资建设略有不足，相对落后于第一梯队城市。

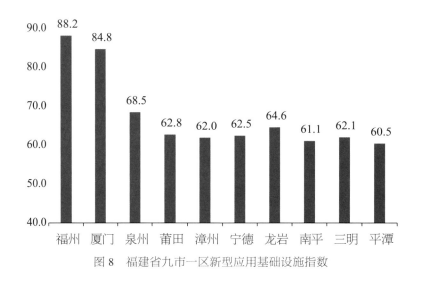

图8 福建省九市一区新型应用基础设施指数

（四）新型行业基础设施指数

福建省九市一区的新型行业基础设施指数如图9所示。近年来，福建省各地方政府积极发展新型行业基础设施，但受政策环境、科技基础、经济水平等综合因素的影响，各地区新型行业基础设施发展呈现不同态势，呈现明显的梯队效应。福州市、泉州市、莆田市、漳州市为第一梯队，平均值为79，凭借其原始产业优势和政策驱动优势，发展动力强劲，对福建省的新型行业基础设施发展起着引领示范作用。其中，福州市在第一梯队中仍处于领先地位，且新型网络和应用基础设施的蓬勃发展也为福州新型行业基础设施发展奠定了良好的基础。厦门市、宁德市、龙岩市、南平市、三明市和平潭综合实验区为第二梯队，平均值为68。第二梯队地多位于内陆，新型基础设施发展还处于摸索阶段，第二梯队应紧跟第一梯队地区步伐，政府和企业共同协作，以优势产业带动落后产业，形成具有区域特色的发展模式，促进新型基础设施在各行各业的深耕细作。

图9 福建省九市一区新型行业基础设施指数

三、分地区评价

（一）福州市

福州市新型基础设施竞争力指数如图10所示。作为福建省省会城市以及数字经济发展的领头羊，福州市的新型基础设施指数表现亮眼，在省内排名第一。

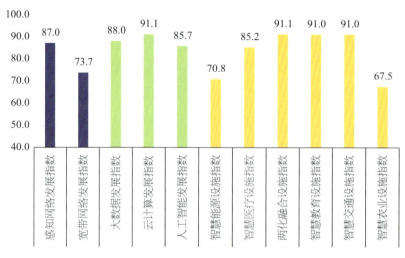

图 10 福州市新型基础设施竞争力指数

1. 新型网络基础设施

福州市感知网络发展指数和宽带网络发展指数差别明显,分别为 87.0 和 73.7,感知网络发展较好。在宽带网络方面,福州市将围绕千兆光纤和千兆移动网络,重点打造全国领先的双千兆示范城市,到 2020 年基本实现 4G+ 信号覆盖所有行政村,广电网络双向覆盖率达到 80%,IPv6 流量占比超过 5%,5G 启动商用服务。在感知网络方面,福州市加强国家级互联网骨干直联点监测管理,加快推进 IoT 规模部署应用,打造了全国首个 NB-IoT 应用示范小区。

2. 新型应用基础设施

2016 年,福州市成立大数据产业发展工作领导小组,将大数据产业作为经济发展的新引擎。在工作组的领导下,依托东南大数据产业园,持续推进数字福建云计算中心、东南大数据产业园、全国健康医疗大数据中心、国家级互联网骨干直联点等项目建设,"数字福州"的应用基础设施日渐夯实。同时,除福州大学超级计算中心一期外,福州市将扩建旗山湖"智谷"和永泰人工智能小镇,作为省人工智能超算中心的二期,继续释放数据能力、超算能力和人工智能应用能力。

3. 新型行业基础设施

从新型行业基础设施指数来看,各行业发展态势良好,整体水平普遍较高,但在智慧能源方面水平相对较低。

在智慧医疗方面，福州市大力推进"互联网＋医疗健康"、智慧健康养老服务平台等项目的建设。在两化融合方面，大力推动两化融合重点项目建设，2018年全市列入省级两化融合重点项目就有100项，目前共有41家企业被列入国家级两化融合管理体系贯标试点企业，149家企业通过两化融合管理体系评定。在智慧教育方面，打造福州智慧教育云平台，基本形成与学习型社会相适应的信息化支撑服务体系，使信息化教学真正成为教学活动的常态。在智慧交通方面，利用"大数据＋排堵保畅""数字化＋勤务管理"和"互联网＋交通服务"三大机制，为市民提供全方位的交通信息服务和交通运输服务，同时还为交通管理部门和相关企业提供信息支持和信息化决策支持。在智慧农业方面，截至2018年年底，已建成2个市级数字农业示范基地、6个省级现代农业智慧园、13家省级农业物联网应用示范点、51家市级农业物联网应用示范点。相比其他新型行业基础设施，福州市在智慧能源方面发展较为落后，主要是因为作为省会城市，是以现代服务业发展为主，工业发展为辅。

（二）厦门市

厦门市新型基础设施竞争力指数如图11所示。厦门市作为以现代服务业为主的综合性城市，新型基础设施指数排名第二。

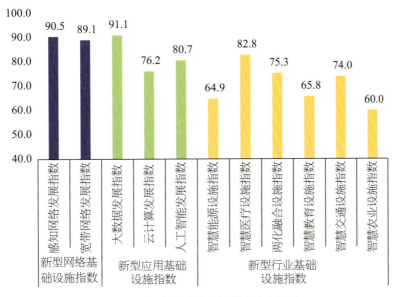

图11　厦门市新型基础设施竞争力指数

1. 新型网络基础设施指数

厦门市的新型网络基础设施指数远高于其他两个一级指标,并且在省内占据领先地位。在宽带网络方面,厦门市为贯彻"宽带中国"战略,启动了国内首个"宽带地图"建设。预计 2020 年年底,市内新增千兆固定互联网宽带接入端口 30 万个;全市 5G 基站累计达 3 500 个,并加快实施重点区域 5G 网络覆盖工程;推动网络 IPv6 升级改造,活跃用户在互联网用户中占比超 50%。在感知网络方面,通过深化各基础电信企业、信息技术服务商及互联网企业合作,拓展全市 NB-IoT 网络覆盖的广度和深度,预计 2020 年全市 NB-IoT 站址可达 3 300 个。

2. 新型应用基础设施指数

2015 年,厦门市极具前瞻性的发布了《厦门市大数据应用与产业发展规划》,明确了发展大数据的目标、主要任务和重点工程等。目前我国大数据产业进入创新突破与应用落地的发展上升期,厦门市把握数字化发展契机,坚持创新驱动发展战略,因此其大数据发展表现突出。2019 年,厦门市上线了全国首个采用"数据安全屋"技术开展政务大数据安全开放应用的平台。大数据的应用带动了云计算与人工智能的发展,目前厦门市已有 3 家企业获得了国家级人工智能创新示范称号,同时华为公司全国首个鲲鹏生态基地和超算中心已落地厦门市,这使得厦门市人工智能产业和以超算为代表的云计算产业竞争优势进一步增强,为抢占人工智能和云计算发展制高点夯实了基础。

3. 新型行业基础设施指数

从新型行业基础设施指数来看,各行业积极开拓,整体水平高于福建省九市一区平均水平,智慧医疗占据优势,两化融合、智慧交通紧跟其后,智慧能源、智慧教育与智慧农业略占劣势。

在智慧医疗方面,2016 年厦门市被确定为国家首批健康医疗大数据中心和产业园建设试点城市之一,推进了智慧医疗的建设。在两化融合方面,2018 年全市列入省级两化融合重点项目 54 项,两化融合发展势态良好。在智慧交通方面,市内交通运行监测指挥中心搭建了大交通数据资源管理系统,接入 23 家单位、72 类大数据,日均更新数据 1.5 亿条,并且还共享了 17 家政府部门的数据,基本实

现 "海陆空铁"全交通领域数据涵盖。在智慧能源方面，厦门钨业依托电池、稀土材料的技术优势，正在加快智慧能源的扩张。在智慧教育方面，厦门市 13 所义务教育阶段学校将试点人工智能教育，根据学生年级阶段有序推进人工智能知识普及。在智慧农业方面，从支持电商平台发展、智能化直销设施推广、网络品牌农产品上网营销、物联网技术应用推广，以及减轻物流费用负担等 5 个方面入手，支持厦门企业发展智慧农业。

（三）泉州市

泉州市新型基础设施竞争力指数如图 12 所示。泉州市在福建省内 GDP 排名第一，具有优秀的民营特色经济，新型网络基础建设较发达，新型基础设施竞争力指数排名第三。

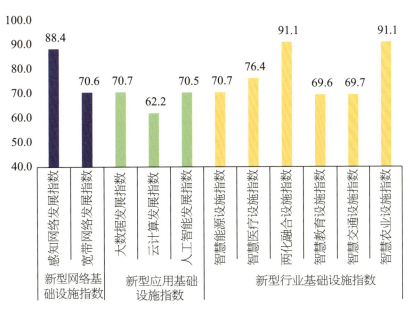

图 12　泉州市新型基础设施竞争力指数

1. 新型网络基础设施

在宽带网络方面，泉州市是首批国家级"宽带中国"示范城市之一，截至 2019 年年底，新增 100M 及以上固定互联网宽带接入端口 50 万个；建成 4G 基站 3.3 万个，实现了 4G 网络全覆盖；5G 网络初步实现中心城区和重点区域的覆盖。在感知网络方面，泉州市持续大力推进 NB-IoT 的建设，已开通 NB-IoT 基站 4 000 余个，感知网络体系趋于健全。

2. 新型应用基础设施

在大数据方面，泉州市促进大数据与相关产业的深度融合，构建多种应用落地场景，并已经在金融行业、智慧物流等方面卓有成效。在云计算方面，市内大力扶植云计算的发展，以泉州软件园、南威软件基地建设为载体，引导推进云计算技术的研发、应用和产业化。在人工智能应用方面，泉州市围绕推动制造业高质量发展，支持一批人工智能科技创新项目，同时投入大量资金建立人工智能产业园区，持续深化相关行业应用。

3. 新型行业基础设施

从新型行业基础设施指数来看，各行业积极开拓，整体水平较高，两化融合与智慧农业占据优势，智慧能源、智慧医疗、智慧交通、智慧教育紧跟其后，各指数值较为均衡。

在两化融合方面建设完善，泉州市通过国家两化融合管理体系贯标评定企业304家，位居全省首位。在智慧农业方面，泉州市携手中国电信、中田农业共同构建了设备层、网络层、平台层、应用层为一体的智慧农业系统大平台，保持了智慧农业良好的发展态势。在智慧能源方面，依托科研优势，集聚多家高校研究中心及能源材料重点实验室，大量引入高层次人才，形成人才高地，智慧能源产业发展潜力巨大。在智慧医疗方面，上线了智慧医疗急救信息系统，"互联网+急救"新模式推广已见成效。在智慧教育方面，引入当前最先进的教育信息化技术，打造智慧校园系统，软、硬件共同迭代，抓住机遇顺势发展。在智慧交通方面，公安智能交通一期工程投入使用，多个新型交通管理系统上线。

（四）莆田市

莆田市新型基础设施竞争力指数如图13所示。莆田市新型基础设施发展处于福建省九市一区中上水平，排名第四。

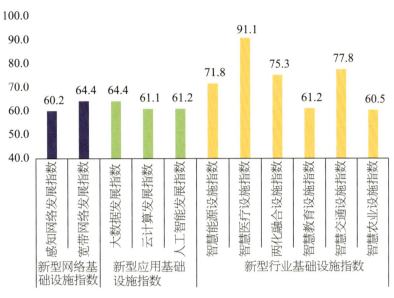

图13　莆田市新型基础设施竞争力指数

1. 新型网络基础设施

在宽带网络方面，预计在2020年，莆田市新增百兆及以上固定互联网宽带接入端口16万个；新建4G基站1 500个，4G用户达297万户；5G网络覆盖城市重点区域及公共交通路段。在感知网络方面，莆田市推进NB-IoT网络深度覆盖，预计2020年全市NB-IoT站址达2 400个。

2. 新型应用基础设施

相比与其他新型基础设施，莆田市人工智能发展水平较低，已计划建设人工智能研发中心、孵化器、创业空间及总部公共配套的人工智能园区，引进指纹识别、智能家居、智能机器人等人工智能企业入驻，同时引入一批大数据、云计算企业，为人工智能发展夯实了基础。

3. 新型行业基础设施

在智慧能源方面，莆田智慧能源平台推出了智慧U站系统，累计上线民营加油站1 000多座，累计成交额11亿多元，民营加油站实现聚合抱团，把行业优势转化为产业优势。在智慧医疗方面，打造全市医疗健康服务平台，逐步实现了健康医疗服务"一码通"；推进"互联网＋医疗健康"工作；推行村卫生所远程视频会诊等远程医疗服务；建设容纳国际高端专科医院集群、医疗大数据中心等功能板块的妈祖健康城。在两化融合方面,推进工业化和信息化融合创新,2018年莆田市列入省级两化融合重点项目55个。在智慧交通方面,莆田市道路监控系统协助交通指挥管理人员对交通违章、堵塞、事故及其他突发事件作出及时、准确的判断,并相应调整各项系统控制参数与指挥调度策略。

(五)漳州市

漳州市新型基础设施竞争力指数如图14所示。漳州市地处"闽南金三角",是中国的国家区域级流通节点城市。新型基础设施竞争力指数排名第五。

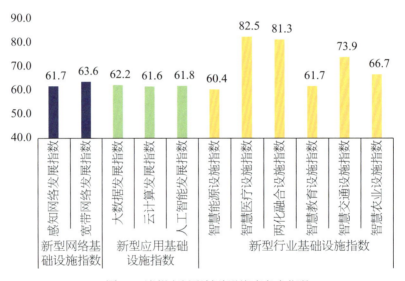

图14　漳州市新型基础设施竞争力指数

1. 新型网络基础设施指数

2019年,漳州市积极推进第二届数字中国峰会35个对接项目落地,构建了新一代信息基础设施,新型网络基础设施未来可期。在宽带网络方面,漳州市计划到2020年年底,新增百兆固定互联网宽带接入端口22万个,新建4G基站1 600个,4G用户达480万户;5G网络覆盖城市重点区域及公共交通路段。在感知网络方面,漳州市拓展NB-IoT网络覆盖,预计2020年全市NB-IoT站址将达5 000个。

2. 新型应用基础设施指数

从新型应用基础设施来看,由于起步较晚,漳州市当地原有基础相对较弱,但与华为云计算、腾讯云、软通动力等多家知名企业签约合作后,未来发展潜力巨大。华为漳州云数据中心于2019年在漳州开发区招商局·芯云谷正式上线,并成为福建省最高规格的云计算数据中心之一,现已列为国家双创示范基地。

3. 新型行业基础设施指数

在智慧医疗方面,漳州市建立"互联网+医疗健康"便民惠民服务中心作为统一健康门户,打造精细化智慧便民服务,已覆盖全市所有三级公立医院及126家基层医疗机构。在两化融合方面,2018年全市入选省级两化融合重点项目77项,项目总投资额128万元。在智慧交通方面,截至2018年,漳州市"公安智能交通指挥系统"建有电警超200路,路段路口重要视频超1 100路,共享公安视频2万多路,实现了视频和画面的全时段智能分析功能。在智慧农业方面,截至2019年第二季度,已建成4个省级现代农业智慧园、9个省级农业物联网应用基地、17个数字农业示范点,累计扩展农村电子商务服务站573个。

(六)宁德市

宁德市新型基础设施竞争力指数如图15所示。宁德市新型基础设施发展总体处于中等水平,各项指数波动明显,新型基础设施竞争力指数排名第六。

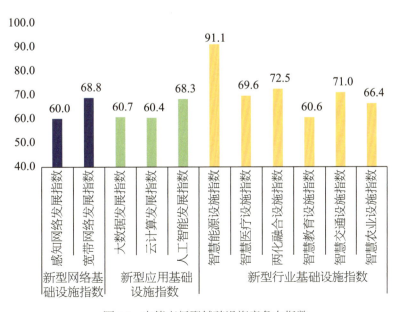

图15 宁德市新型基础设施竞争力指数

1. 新型网络基础设施

在宽带网络方面，宁德市指数表现较为良好，源于其不断深化宽带网络建设。预计在 2020 年年底，完成全市千兆宽带接入；实现全市城区、乡镇及所有高速、铁路等交通干线 4G 网络全覆盖，并已开启首批 5G 基站。在感知网络发展上，宁德市已开展 NB-IoT 规模部署，推动 NB-IoT 网络逐步由城区向乡镇、农村延伸，预计 2020 年全市 NB-IoT 基站数可达 7 000 个。

2. 新型应用基础设施

宁德市锂电新能源产业等工业基础良好，对人工智能技术需求旺盛，能够带动市内人工智能应用持续发展，故人工智能发展指数较高。宁德市陆续建成政务云计算中心、政务大数据平台等一批基于相关技术的行业应用。随着各个行业信息化的不断推进发展，云计算和大数据作为底层基础将迎来更大的需求空间，具有较强的发展潜力。

3. 新型行业基础设施

从新型行业基础设施指数来看，各行业优劣势差异相对明显，智慧能源与智慧农业占据优势，智慧医疗、两化融合、智慧交通紧跟其后，智慧教育发展相对较弱。

在智慧能源方面，宁德市发展情况优异，建立了以宁德新时代等企业为龙头的新能源汽车产业集群。在智慧农业方面，提升 12316 农业信息服务水平，积极打造农业物联网标杆企业，建立了多个应用示范点。在智慧医疗方面，市内智慧医疗设施更新迭代，搭建了智慧医疗桌面云，智慧医疗水平得到进一步提升，向智能化持续转型。在两化融合方面，通过抓龙头、铸链条、建集群的模式，推动新兴产业创新发展、传统产业的数字化转型，工业领域的新动能正在持续释放。在智慧交通方面，宁德市与中国联通、厦门路桥信息等公司合作共建市内智慧交通体系，推出"宁德智慧交通 APP"，有效推动了智慧交通的发展。在智慧教育方面，开展了多个智慧校园试点基地建设，但局限于基础薄弱，信息化基础支撑环境发展不均衡，信息化教学应用的发展仍存在较大进步空间。

（七）龙岩市

龙岩市新型基础设施竞争力指数如图 16 所示。龙岩市是中国革命老区和中央苏区的组成部分，新型基础设施竞争力指数排名第七。

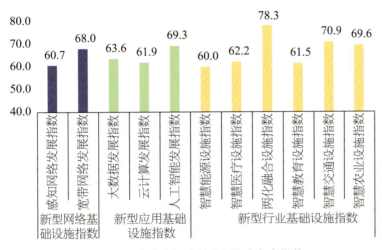

图 16　龙岩市新型基础设施竞争力指数

1. 新型网络基础设施

在宽带网络方面，龙岩市坚持推进宽带工程和移动通信网络建设，已实现建制村 100% 通光纤，全市拥有互联网用户近百万；同时，龙岩市持续升级移动通信网络系统，扩大 4G 覆盖的广度和深度，跟进发展 5G 建设。在感知网络方面，截至 2019 年年底，市内 NB-IOT 基站共计开通 3 500 多个，物联网用户接近 50 万，为感知网络发展奠定较好的基础。

2. 新型应用基础设施

龙岩市新型应用基础设施建设较为均衡，就大数据应用方面，在教育助学、惠民电子政务、工业数字化等行业均有相关应用，并依托龙岩学院大数据挖掘与应用重点实验室，搭建了校地、校企合作平台，促进了技术与应用深度融合。在云计算应用方面，上杭县云计算产业基地的建设预计将在 2020 年完成，云计算赋能各行业领域，未来前景广阔。在人工智能应用方面，龙合智能装备公司的省科技重大专项人工智能应用示范项目在龙岩建成投产，市内多个项目有望在更多场景中落地应用。

3. 新型行业基础设施

在两化融合方面发展良好，2018年龙岩市拥有102项省级两化融合重点项目，位居全省前列。在智慧交通方面，已构建智慧交通管理体系，打造"畅通工程"龙岩市智能交通项目。在智慧农业方面较为发达，这源自于市内较好的农林牧渔业基础，已打造5个省级农业物联网示范点。在智慧能源方面，大力推进能源产业智能化，用数字技术赋能产业链关键环节，为电网运行全过程调控提供有效支撑。在智慧医疗方面，正在加快推进"互联网+医疗"，积极完善互联网预约诊疗、高清视频门诊等项目。但其发展仍受限于卫生资源配置布局不合理、不均衡等原因的影响。在智慧教育方面，着手打造多所智慧校园示范学校形成标杆效应，并着力促进区域智慧教育发展水平的进步，2020年力争全市农村中小学实现宽带扩容20M。

（八）南平市

南平市新型基础设施竞争力指数如图17所示。被誉为"南方林海"的南平市占据福建省陆地面积的1/5，旅游业是当地最富潜力的支柱产业。新型基础设施竞争力指数排名第八。

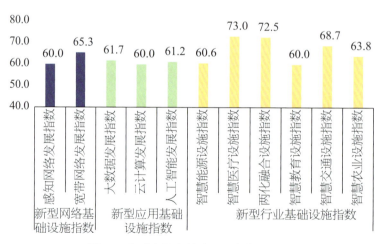

图17 南平市新型基础设施竞争力指数

1. 新型网络基础设施指数

与福建省其他城市相比，南平市新型网络基础设施指数较低，主要是因为当地以丘陵、山地为主的地貌居多，限制了网络基础设施的发展。在宽带网络方面，南平市计划至2020年新增千兆固定互联网宽带接入端口10.8万个，百兆宽带用户达到88万；4G用户达192万，5G网络覆盖城市重点区域。在感知网络方面，南平市大力推进移动物联网的建设发展，预计2020年全市NB-IoT站址将达2 500个。

2. 新型应用基础设施

在大数据与云计算方面，南平市数字信息产业起步较晚，龙头企业带动效应不明显，且市内同类型产业没有形成有效聚集，各企业在所处的产业链位置零散。2018年南平（浪潮）大数据产业园正式开园，2019年由诸多企业、院校、机构共同参与的"南平市物联网+5G实验室"成立。南平市在大数据以及云计算的发展上将迎来转机。为推动人工智能和实体经济的深度融合，南平市启动了《新一代人工智能产业创新重点任务揭榜工作方案》，计划2020年在选定的细分领域，重点突破，促进创新，树立标杆，攻破短板，着力发展智能终端配套零组件制造，人工智能产业规模壮大亦是指日可待。

3. 新型行业基础设施

在智慧医疗方面，南平市建设了远程诊断中心、分级诊疗等医疗信息化设施，解决医疗信息数据孤岛化、碎片化问题。在两化融合方面，2018年全市列入省级两化融合重点项目68个，与浪潮信息等多家企业展开相关合作。同时加速重点企业"上云"步伐，以实现互联网与工业化的融合创新。在智慧交通方面，组建了南平市公安交通指挥中心，形成了市内智慧交通体系。在智慧农业方面，应用智能化大棚、农业物联网等智慧产品赋能农业产业；联合120家农企共同构建产品可溯源体系，实现生产链全环节监控，保障了智慧农业高质量发展。在智慧教育方面，在建阳区成功打造了市内首个智慧教育云平台，教学应用覆盖区内全体教师，截至2019年5月，总用户数已达到7万余户。在智慧能源方面相对落后，需要政府加大扶持力度，发挥政策性的指导作用，促进能源产业的信息化转型。

（九）三明市

三明市新型基础设施竞争力指数如图 18 所示。三明市各项新型基础设施均衡发展，各项指数之间差别较小，新型基础设施竞争力指数排名第九。

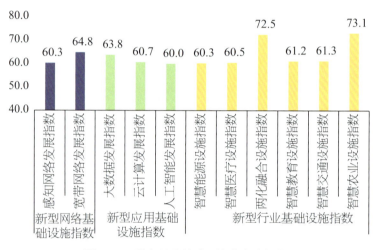

图 18　三明市新型基础设施竞争力指数

1. 新型网络基础设施

三明市新型网络基础设施指数较低，主要是由于地理和历史原因所致。三明市地处内陆，地形多为丘陵、山地，20 世纪六七十年代，曾是福建的"三线"，是军工企业的"摇篮"，因此，网络基础设施等行业的发展受到限制。在宽带网络方面，预计在 2020 年新增千兆固定互联网接入端口 13.3 万个；4G 用户数达 220 万户，全市实现 5G 网络重点区域覆盖。在感知网络方面，预计 2020 年全市 NB-IoT 站址达 6 812 个；物联网建设力度逐渐加大，有望在未来几年实现快速发展。

2. 新型应用基础设施

三明市新型应用基础设施发展仍有很大空间，其与三明闽光共同建设的三钢闽光大数据中心，将有力推动大数据、云计算等行业应用的发展。同时，人工智能是三明市医疗、交通等行业的有力支撑，三明市高度重视有关应用的开发，有望拉动新型应用基础设施进一步发展。

3. 新型行业基础设施

在两化融合方面，三明市表现较好，得益于其较为完善的工业基础。并且市政府推出多个补助政策鼓励企业进行智能制造，推进两化融合持续发展，市内 14 家企业通过了工信部两化融合管理体系贯标认定。在智慧农业方面，享有"中国绿都"美誉的三明市智慧农业设施指数相对较高，在全省率先开启智慧农业建设，海峡两岸现代林业合作实验区是全国集体林业综合改革试验示范区。在智慧能源方面指数值较低，主要是由于资源分布不均且品种单一，仍需要加大产业扶持力度。在智慧医疗方面，作为首批综合医改试点地区，三明市建设了"健康三明"智慧医疗平台，利用信息化带动医疗水平发展。在智慧教育方面，市政府正在全面铺开"互联网+教育"工作，建设智慧教育云平台，已汇聚 4 万余节课时资源，实现了教育信息化、常态化运用，智慧教育水平进一步提升。在智慧交通方面，三明市正在奋力推进相关建设，与省银联、兴业银行等企业通力合作，共同开启三明智慧交通新时代。

（十）平潭综合实验区

平潭综合实验区新型基础设施竞争力指数如图 19 所示。由于起步相对较晚，平潭综合实验区新型基础设施建设在省内相对落后，新型基础设施竞争力指数排名第十。

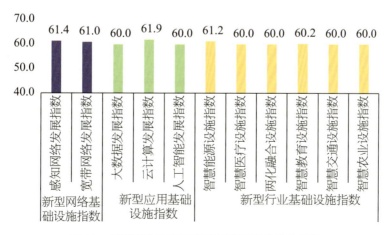

图 19 平潭综合实验区新型基础设施竞争力指数

1. 新型网络基础设施

平潭综合实验区网络基础设施在省内相对落后，主要受限于其辖区内岛屿众多，网络覆盖难度较大。在宽带网络方面，平潭综合实验区已开始大力推进光纤宽带建设，积极迎接 5G 时代，后续将有较大的建设发展空间。截至 2019 年 5 月，平潭已开通并验证 5G 基站 13 个，正处于网络建设"换挡提速"阶段。在感知网络方面，NB-IoT 网络基本覆盖全岛，并建设了全省首个基于 NB-IoT 的智慧停车场，其相关应用将有效拉动感知网络建设。

2. 新型应用基础设施

平潭综合实验区大力推进"智慧岛"建设，相关应用基础正在奋力追赶。在大数据应用方面，打造了国家级离岸数据中心，后续将深化行业应用；平潭综合实验区打造的省内首个智慧城市时空大数据与云平台已通过验收，拓宽了云计算应用空间。在人工智能发展方面，利用其地区独特的岛屿地理环境优势，打造了全国首个无人驾驶全域开放道路测试示范区，将带动更多人工智能相关企业落地平潭综合实验区。

3. 新型行业基础设施

平潭综合实验区新型行业基础建设方兴未艾，凭借国家战略优势有望弥补起步差距，具体措施主要有：基于"智慧平潭"的建设目标，在智慧能源方面，携手国家电投打造国家级智慧能源示范项目，促进平潭综合实验区智慧能源进一步发展。在智慧医疗方面，入股汉鼎宇佑公司，加强医疗健康方面的合作，共同助推地区智慧医疗产业的发展。在两化融合方面，依托全省虚拟研究院平台，持续推进地区企业两化融合。贯彻省内政策方针，发挥信息化在产业结构升级中的优势，以拓展其成长空间。在智慧教育方面，平潭综合实验区特殊教育学校智能化建设项目即将开启，掀开了智慧教育的新篇章。在智慧交通方面，积极开展自动驾驶技术的实践，并注重完善新能源充电桩等配套设施。在智慧农业方面，扶持智慧农业发展，引入冷链物流、物联网、智慧农业设备等，以健全平潭地区农业智能化体系生态。

四、发展建议与策略

（一）因地制宜，选择新基建特色领域优先发展

福建省新型基础设施建设发展不均衡，各地市之间差异较大。因此在新基建建设方向上需要因地制宜，需要充分了解传统基础设施现状，把握新型基础设施建设发展规律，补齐短板，因地制宜、因时制宜地确定适合当地实际情况的新型基础设施建设方向与建设模式。例如，要充分发挥海洋优势，加强智慧海洋方面的基础设施建设，在诸如绿色数据中心、海洋通信、海洋观测大数据等领域率先探索。

（二）统筹规划，积极出台新基建鼓励政策

虽然当前我国尚未出台直接面向新型基础设施建设的鼓励政策，但是福建省应抓住新型基础设施建设机遇，出台相关的推动和促进政策，以发展规划、指导意见、行动计划、实施计划等多种方式，提升各地区对新型基础设施建设的价值认知，超前布局新基建于多个领域，为全省发力新型基础设施建设提供政策引导，有序推进新型基础设施建设工作。

（三）政府引领，鼓励新基建多元投融资方式

相对于传统基础设施建设的投资规模大、回报期相对较长的特点，新基建投资规模大小不一，回报周期相对较短。因此，发展新基建需要更加灵活的政策引导和多元化的投融资方式。充分发挥新基建专项债、专项贷款、政府投资基金、基础设施信托投资基金等的作用，鼓励和引导各类资金参与新型基础设施的建设。建议政府通过设立准入、税收、融资等政策的激励机制，充分调动社会资本进入新基建领域的积极性，鼓励企业加快数字技术的落地和推广，积极布局新基建业务。

（四）创新驱动，营造新基建科技创新氛围

在数字经济蓬勃发展的时期，新基建天然具有科技特性和创新导向。建议政

府积极引导并鼓励数字经济重点领域的科技创新和研发应用，尤其是在 5G、人工智能、云计算、大数据等数字技术领域要超前布局，开展技术攻关，搭建新基建高水平科技创新合作平台。建议搭建新基建领域产学研用一体化创新平台，加强科研主体的供需研用对接，以企业技术中心、省级实验室、技术创新中心、科技园区、孵化中心等为创新主体，构建创新环境，推动技术创新与融合应用，以提高新基建创新与运营效率。

第三篇

中国新型基础设施竞争力指数报告（2021）

前 言

2018年12月，中央经济工作会议首次提出新基建概念；2020年3月4日，央视新闻对新基建七大领域的报道，让新基建的概念受到广泛关注；2020年4月20日，在国家发改委新闻发布会上，新型基础设施的定义和内涵被正式明确；2021年3月，在《中华人民共和国国民经济和社会发展第十四个五年规划和2035年远景目标纲要》中，将新型基础设施作为我国现代化基础设施体系的重要组成部分，并指出要："围绕强化数字转型、智能升级、融合创新支撑，布局建设信息基础设施、融合基础设施、创新基础设施等新型基础设施。"新基建已成为我国构建以国内大循环为主体、国内国际双循环相互促进的新发展格局的重要手段，在推动产业转型升级、构建现代化产业体系、助力经济高质量发展等方面发挥重要作用。

2020年3月，《中国新型基础设施竞争力指数白皮书（2020）》首次发布，构建的"中国新型基础设施竞争力指数"基本覆盖了4月20日国家发改委提出的新型基础设施内容的前两个方面，即信息基础设施和融合基础设施，因此，受到了政府、媒体、学术机构、企业等各界的广泛关注，反响较好。

2021年，在山西省发改委的支持下，清华大学互联网产业研究院联合山西清众科技有限公司，继续对"中国新型基础设施竞争力指数"进行研究。根据国家发改委定义的新基建内容范围，增加了"创新基础设施"一级指标，同时也修改了原有的指标，以期更全面、更科学地描述出新型基础设施竞争力情况，为各级政府科学制定新基建发展政策和行动计划提供重要参考依据，也为从事新基建的企业提供必要的信息借鉴。

一、新型基础设施竞争力指数介绍

（一）新型基础设施介绍

习近平主席在 2021 年的达沃斯论坛讲话中指出："当今世界正处在大发展大变革大调整时期，百年未有之大变局持续演进。"2021 年是我国"十四五"规划的开局之年。面对全球疫情持续肆虐、国际形势复杂多变的态势，以及在国内转向高质量发展阶段的要求下，如何推动我国基础设施转型升级、加快建设现代化经济体系，加快构建以国内大循环为主体、国内国际双循环相互促进的新发展格局，成为重要议题。在这个过程中，新型基础设施建设概念逐步被提出，成为我国构建现代化基础设施体系的重要组成部分。

近年来，新型基础设施概念的含义已得到逐步完善。2018 年 12 月的中央经济工作会议中提出："加快 5G 商用步伐，加强人工智能、工业互联网、物联网等新型基础设施建设"；在 2019 年 7 月，中共中央政治局会议又提出要加快推进信息网络等新型基础设施建设；2020 年 2 月的中央全面深化改革委员会第十二次会议提出，要"统筹好存量与增量、传统基建与新基建，构建现代化基础设施体系"；2020 年 3 月的中共中央政治局常务委员会指出，加快推进国家规划已明确的重大工程和基础设施建设，要加大公共卫生服务、应急物资保障领域投入，加快 5G 网络、数据中心等新型基础设施建设进度。2020 年 3 月的央视新闻认为，新型基础设施建设是发力于科技端的基础设施建设，包括特高压、新能源汽车充电桩、5G 基站建设、大数据中心、人工智能、工业互联网、城际高速铁路和城际轨道交通七大领域。新基建受到广泛关注。

2020年4月20日，国家发改委在新闻发布会上正式明确了新型基础设施的定义：新型基础设施是以新发展理念为引领，以技术创新为驱动，以信息网络为基础，面向高质量发展需要，提供数字转型、智能升级、融合创新等服务的基础设施体系。新型基础设施建设主要包括以下3个方面：信息基础设施、融合基础设施和创新基础设施。同时发布会也强调了："伴随着技术革命和产业变革，新型基础设施的内涵、外延也不是一成不变的。"在2021年3月发布的《中华人民共和国国民经济和社会发展第十四个五年规划和2035年远景目标纲要》（以下简称《十四五规划纲要》）中，明确将新型基础设施作为我国现代化基础设施体系的重要组成部分，"统筹推进传统基础设施和新型基础设施建设，打造系统完备、高效实用、智能绿色、安全可靠的现代化基础设施体系"。《十四五规划纲要》提出，要"围绕强化数字转型、智能升级、融合创新支撑，布局建设信息基础设施、融合基础设施、创新基础设施等新型基础设施"。我国新型基础设施定义的发布进程如表4所示。

表4　我国新型基础设施定义的发布进程

时间	新基建政策
2018.12	新型基础设施在中央经济工作会议中首次提出
2020.02	中央全面深化改革委员会第十二次会议提出要"统筹好存量与增量、传统基建与新基建，构建现代化基础设施体系"
2020.04	国家发改委正式确认新型基础设施的含义
2020.10	《中共中央关于制定国民经济和社会发展第十四个五年规划和2035年远景目标的建议》提出"系统布局新型基础设施"
2020.05	全国两会首次将新型基础设施写入政府工作报告
2021.03	《中华人民共和国国民经济和社会发展第十四个五年规划和2035年远景目标纲要》中提出："统筹推进传统基础设施和新型基础设施建设，打造系统完备、高效实用、智能绿色、安全可靠的现代化基础设施体系"
2021.04	国家发改委在新闻发布上会确认在新型基础设施的定义和内容，2021将出台"十四五"新型基础设施建设规划

根据2020年4月国家发改委在新闻发布会上阐释的新型基础设施的定义，表5整理了近年来我国在新型基础设施细分领域出台的政策文件。

表 5　新型基础设施各领域涉及的部分政策整理

所属领域	政策文件
通信网络基础设施	《关于组织实施 2020 年新型基础设施建设工程（宽带网络和 5G 领域）的通知》 《信息通信行业发展规划 2016—2020 年》 《工业和信息化部关于推动 5G 加快发展的通知》 《推进互联网协议第六版（IPv6）规模部署行动计划》 《"双千兆"网络协同发展行动计划（2021—2023 年）》 《关于全面推进移动物联网 (NB-IoT) 建设发展的通知》 《工信部物联网发展规划（2016—2020 年）》
新技术基础设施	《国务院关于印发新一代人工智能发展规划的通知》 《促进新一代人工智能产业发展三年行动计划（2018—2020 年）》 《国务院关于促进云计算创新发展培育信息产业新业态的意见》 《关于促进人工智能和实体经济深度融合的指导意见》 《云计算发展三年行动计划（2017—2019 年）》
算力基础设施	《关于数据中心建设布局的指导意见》 《关于加强绿色数据中心建设的指导意见》 《关于加快构建全国一体化大数据中心协同创新体系的指导意见》 《智能计算中心规划建设指南》
融合基础设施	《国家数字经济创新发展试验区实施方案》 《关于推进"上云用数赋智"行动，培育新经济发展实施方案》 《关于支持新业态新模式健康发展激活消费市场带动扩大就业的意见》 《中小企业数字化赋能专项行动方案》 《交通强国建设纲要》 《关于推动交通运输领域新型基础设施建设的指导意见》 《车联网（智能网联汽车）产业发展行动计划》 《"5G+工业互联网"512 工程推进方案》 《国务院关于深化"互联网＋先进制造业"发展工业互联网的指导意见》 《智能制造发展规划（2016—2020 年）》 《加快培育共享制造新模式新业态 促进制造业高质量发展的指导意见》 《工业互联网创新发展行动计划（2021—2023 年）》 《关于推动工业互联网加快发展的通知》 《关于推进"互联网＋"智慧能源发展的指导意见》 《住房城乡建设部关于加强城市电动汽车充电设施规划建设工作的通知》 《教育信息化 2.0 行动计划》 《教育部办公厅关于"智慧教育示范区"建设项目推荐遴选工作的通知》 《关于进一步完善预约诊疗制度加强智慧医院建设的通知》 《国务院办公厅关于促进"互联网＋医疗健康"发展的意见》 《国家乡村振兴战略规划（2018—2022 年）》 《数字农业农村发展规划（2019—2022 年）》 《关于全面推进乡村振兴加快农业农村现代化的意见》 《国家新型城镇化规划（2014—2020 年）》 《国务院关于在线政府服务的若干规定》 《关于继续开展新型智慧城市建设评价工作深入推动新型智慧城市健康快速发展的通知》

续表

所属领域	政策文件
重大科技基础设施	《国家重大科技基础设施建设中长期规划(2012—2030年)》 《国家重大科研基础设施和大型科研仪器开放共享管理办法》 《关于加强国家重点实验室建设发展的若干意见》
科教基础设施	《职业学校校企合作促进办法》 《国务院办公厅关于深化产教融合的若干意见》 《高等学校国家重大科技基础设施建设管理办法(暂行)》 《高等学校基础研究珠峰计划》
产业技术创新基础设施	《国家创新驱动发展战略纲要》 《国家产业创新中心建设工作指引(试行)》 《国家企业技术中心认定管理办法》 《关于促进新型研发机构发展的指导意见》 《国家工程研究中心管理办法》 《科技企业孵化器管理办法》 《关于推进国家技术创新中心建设的总体方案(暂行)》 《国务院关于推动创新创业高质量发展打造"双创"升级版的意见》

新基建是我国构建以国内大循环为主体、国内国际双循环相互促进的新发展格局的重要手段,将在推动产业转型升级、构建现代化产业体系、助力经济高质量发展中发挥重要作用。自2020年以来,我国各省市区陆续推出推动新型基础设施建设相关政策,目前已经有北京市、上海市、重庆市、福建省等省市区,以及深圳市、福州市等经济较为发达的地区,出台了各类加快推进新型基础设施建设的实施意见和行动计划等政策文件,如表6所示。

表6 地方政府新基建相关政策文件整理

时间	政策文件	政策要点
2020.03	《山东省人民政府办公厅关于山东省数字基础设施建设的指导意见》	前瞻布局以5G、人工智能、工业互联网、物联网等为代表的新型基础设施,持续推动交通、能源、水利、市政等传统基础设施数字化升级,构建"泛在连接、高效协同、全域感知、智能融合、安全可信"的数字基础设施体系
2020.04	《吉林省新基建"761"工程实施方案》	新基建"761"工程的主要内容:加快推进5G基础设施、特高压、城际高速铁路和城市轨道交通、新能源汽车充电桩、大数据中心、人工智能和工业互联网"7大新型基础设施"建设;全面提升智能信息网、路网、水网、电网、油气网、市政基础设施网"6网";着力补强社会事业"1短板"

续表

时间	政策文件	政策要点
2020.04	《江苏省关于加快新型信息基础设施建设扩大信息消费的若干政策措施》	加快新型信息基础设施建设、释放信息消费增长潜能、推动产业数字化转型
2020.04	《上海市推进新型基础设施建设行动方案（2020—2022年）》	主要任务集中在"新网络""新设施""新平台""新终端"
2020.06	《北京市加快新型基础设施建设行动方案（2020—2022年）》	聚焦"新网络、新要素、新生态、新平台、新应用、新安全"六大方向
2020.07	《深圳市人民政府关于加快推进新型基础设施建设的实施意见（2020—2025年）》	超前部署信息基础设施、全面升级融合基础设施、统筹布局创新基础设施、高效配置关键要素资源、构筑数字经济生态体系
2020.07	《浙江省新型基础设施建设三年行动计划（2020—2022年）》	主要任务实施数字基础设施建设行动、整体智治设施建设行动、生态环境设施智能化建设行动、交通物流设施智能化建设行动、清洁能源设施智能化建设行动、幸福民生设施智能化建设行动、重大科研设施建设行动、产业创新平台建设行动、产业融合发展行动、应用场景创新行动等十大行动
2020.08	《云南省推进新型基础设施建设实施方案（2020—2022年）》	重点任务包括：构建高速泛在优质新网络、打造数字创新应用新平台、铸造传统基建升级新引擎、建设行业融合赋能新载体
2020.08	《福建省人民政府办公厅关于印发福建省新型基础设施建设三年行动计划（2020—2022年）的通知》	大力实施新网络、新技术、新算力、新安全、新融合、新平台等新型基础设施建设工程，促进数字产业化、产业数字化、数字化治理和数据价值化，为全方位推动高质量发展超越提供强大基础支撑
2020.11	《广东省推进新型基础设施建设三年实施方案（2020—2022年）》	构建泛在互联一体化网络，推进信息基础设施建设；打造四大创新能力支撑集群，推进创新基础设施建设；推进十大智慧工程，推进融合基础设施建设
2021.04	《河南省推进新型基础设施建设行动计划（2021—2023年）》	加快建设信息基础设施、提升发展融合基础设施、前瞻布局创新基础设施

（二）评价指标体系介绍

本版新型基础设施竞争力指数指标评价体系是在《中国新型基础设施竞争力指数白皮书（2020）》的指数体系基础之上，参考了2020年4月20日国家发改委发布的新型基础设施的定义范围，以《中华人民共和国国民经济和社会发展第十四个五年规划和2035年远景目标纲要》为重点，同时兼顾了表5中的各类相关专项政策、各省市发布的新型基础设施推进政策，以及相关研究机构发布的研究白皮书、报告等文献资料，构建了全新的中国新型基础设施竞争力指数指标体系，如表7所示。

表7 中国新型基础设施竞争力指数体系

一级指标	信息基础设施指数			融合基础设施指数						创新基础设施指数		
二级指标	通信网络基础设施	新技术基础设施	算力基础设施	工业互联网	智慧能源基础设施	智慧交通基础设施	智慧医疗基础设施	智慧教育基础设施	智慧农业基础设施	重大科技基础设施	科教基础设施	产业技术创新基础设施

中国新型基础设施竞争力指数（2021）评价指标体系相比于2020年版，把新型网络基础设施指数、新型应用行业基础设施指数和新兴行业基础设施指数内容整合进了信息基础设施指数和融合基础设施指数体系。按照新型基础设施的新定义，加入了新的一级指标"创新基础设施指数"及其二级指标项，同时也调整了其他各级指标名称。评价指标体系基本覆盖了新基建的各项内容，为评价各省市区新型基础设施的建设情况提供了重要手段，也为各省市区把握政策机遇、提升新型基础设施建设水平、加快发展数字经济提供了重要参考。

1. 指标介绍

（1）信息基础设施指数

信息基础设施指数主要是指基于新一代信息技术演化生成的基础设施。因此，信息基础设施指数设置了通信网络基础设施、新技术基础设施和算力基础设施3个二级指标。

（2）融合基础设施指数

融合基础设施主要是指深度应用互联网、大数据、人工智能等技术，支撑传统基础设施转型升级，进而形成的融合基础设施。因此，融合基础设施指数设置了工业互联网、智慧能源基础设施、智慧交通基础设施、智慧医疗基础设施、智慧教育基础设施、智慧农业基础设施6个二级指标。

（3）创新基础设施指数

创新基础设施主要是指支撑科学研究、技术开发、产品研制的具有公益属性的基础设施。因此，创新基础设施指数设置了重大科技基础设施、科教基础设施和产业技术创新基础设施3个二级指标。

2. 数据来源介绍

本研究数据的选取原则遵循合理性、科学性和权威性的基本原则。数据的主要来源包括：

（1）官方统计的数据和报告，例如国家年度统计公报、各类统计年鉴等。

（2）国家政府职能部门发布的统计数据和报告，例如工信部、科技部等部委公布的各类报告、通知等。

（3）各省政府定时公布的年度统计公报、年度数据报告和新闻发布会资料。

（4）具有较高公信力的、在某些专业领域具有权威性的社会机构发布的研究报告等。

二、新型基础设施竞争力指数整体状况

本指数报告针对我国各省市区（不包括港、澳、台）的新型基础设施建设进行了一次"摸底"，图20是整体评价结果。

图 20　中国新型基础设施竞争力指数

结果显示北京市以 90.71 的综合得分列在首位，西藏自治区以 61.07 的得分排名最后，31 个省市区的指数整体平均分为 76.28 分，与中位数 76.47 分十分接近。

得分超过 80 的有北京市、江苏省、广东省、上海市、浙江省、山东省、四川省、河南省等 8 个省市，均是我国经济较为发达的地区，在新型基础设施建设方面实力较强。

（一）信息基础设施指数

信息基础设施指数如图 21 所示。全国各省市区平均分为 76.34，呈现了较为明显的梯度特征，地区间得分差异较大，大部分中部地区和东部地区的省市得分相对较高，其中福建省和湖北省虽然总得分相对靠前，但在信息基础设施指数得分上却相对靠后。

图 21 信息基础设施指数

从整体上看，我国 2020 年迎来了信息基础设施建设快速发展期。

在通信网络基础设施方面，我国已建成全球最大、世界领先的光纤通信网络和移动通信网络，网络提速效果显著。截至 2020 年年底，3 家基础电信企业的固定互联网宽带接入用户总数达 4.84 亿户，全年净增 3 427 万户，其中 1 000M 及以上接入速率的用户数达 640 万户，比上年末净增 553 万户；5G 网络建设稳步推进，新建 5G 基站超 60 万个，已开通 5G 基站超过 71.8 万个，5G 网络已覆盖全国地级以上城市及重点市县；截至 2020 年 11 月，我国 IPv6 活跃用户数已达 4.35 亿，约占中国网民的 46.27%，IPv6 地址资源位居全球第二，全国 13 个骨干直联点已经全部完成 IPv6 改造；物联网用户爆发式增长，机器联网（M2M）用户占全球比重超过 60%，其中 NB-IoT 连接数已经过 1 亿。在卫星互联网方面，我国正处在发展初期，即处在完善产业链结构过程中。从目前已发布的几个卫星星座项目来看，卫星集中发射期在 2022—2025 年，目前仍处在项目初期。

在新技术基础设施方面，我国人工智能专利数量、市场规模位居国际领先行列，截至 2020 年 10 月，人工智能专利申请共计达到 69.4 万件，同比增长 56.3%，互联网公司和高等院校成为重要申请主体。在云计算方面，我国起步较晚，目前正处在高速发展阶段。从 2016 年至今，我国陆续出台了多项政策，旨在规范云计算基础设施建设，以提升其竞争力。2019 年我国公有云市场规模首次超过私有云，整个云计算产业将持续保持近 30% 的增速。在区块链方面，我国较早注意到了区块链技术的应用，早在 2015 年开始，我国就有企业开始在区块链领域布局，2020 年上半年我国阿里巴巴、腾讯、浪潮、中国平安、百度、微众银行、京东数科等企业的区块链专利申请数排名全球前 10，其中阿里巴巴以 1 457 项专利申请排名榜首。

在算力基础设施方面，我国各类数据中心、智能计算中心加速建立。2021 年 2 月工信部开放数据中心委员会发布的《全国数据中心应用发展指引（2020）》显示，截至 2019 年年底，我国在用数据中心机架总规模达到 314.5 万架，与 2018 年底相比，增长 39%。超大型数据中心机架规模约 117.9 万架，大型数据中心机架规模约 119.4 万架，与 2018 年年底相比，大型、超大型数据中心的规模增速为 41.7%。全国数据中心利用率在大幅提升，截至 2019 年年底，全国数据中心总体平均上架率为53.2%。在智能计算中心方面，我国智能计算中心在逐步规划建设中，已规划和落地的就有西安沣东人工智能计算创新中心、横琴先进智能计算平台、南京智能计算中心等项目。在超级计算机方面，在全球超级计算机TOP500的榜单上，我国超级计算机数量世界第一，占比份额超40%。但我国超算仍面临芯片禁运和制裁的严峻挑战。

（二）融合基础设施指数

融合基础设施指数如图22所示。全国各省市区平均分为76.23，地区间得分差异较大。

图22　融合基础设施指数

融合基础设施建设是数字经济时代下，推动传统基础设施逐步实现数字化、智能化升级的必经之路。按照打造系统完备、高效实用、智能绿色、安全可靠的现代化基础设施体系的重要规划要求，我国融合基础设施正处在快速发展和变革中。

在智慧能源基础设施方面，近些年来我国开展了众多实践。2020 年我国公共充电桩保有量达到 80.7 万台，同比新增超过 29 万台，但需求缺口仍十分巨大；沿海发达省份充电桩建设进入了平稳增长区间，中西部后发省份进入了高速增长阶段。在能源互联网领域，我国加强了清洁能源替代，推动太阳能发电、风电、水电等清洁能源基础设施建设和智能化，努力实现大电网大市场优化配置，布局建设能源互联网中心，打造能源互联网试点示范。

在智慧医疗基础设施方面，由于 2020 年新冠肺炎疫情的影响，智慧医疗发展较为迅速，智慧医疗全面铺开。我国智慧医疗建设涉及电子病历（一卡通）、医疗大数据、健康管理、医疗信息化、辅助诊疗、智慧医院管理等多个方面，在人工智能诊断、医疗云与大数据平台、互联网在线诊疗、疫情大数据等方面均有特点项目出现，以智能硬件、远程医疗、移动医疗、医疗信息化等为核心的智慧医疗产业集群已基本形成。

在工业互联网和智能制造方面，我国智能制造试点示范项目从 2015 年开始，已公示了四批共 305 个项目。我国智能制造发展迅速，信息化和工业化两化融合步伐加快。截至"十三五"期末，中国规模以上工业企业生产设备数字化率、关键工序数控化率分别达到 49.9% 和 52.1%，通过智能制造试点示范项目和新模式应用项目，企业的生产效率平均提高了 44.9%；全国开展网络化协同、服务型制造和个性化定制的企业比例分别达到 37.9%、27.9% 和 9.8%；全国两化融合发展水平为 56.0，较 2016 年增长了 10.5%。在工业互联网标志解析方面，我国政策要求加快工业互联网新型基础设施建设。工业互联网标识解析体系是工业互联网新型基础设施的重要组成。我国工业互联网标识解析体系已实现"全生命周期覆盖 18 类应用场景"，已建成北京、上海、广州、武汉、重庆 5 大国家顶级节点，南京、贵阳 2 个灾备节点，截至 2020 年年底，全国标识注册总量已突破 100 亿个，上线二级节点达 85 个，涵盖 33 个行业、22 个省市区，接入企业节点数量突破 9 400 个。

在智慧教育基础设施方面，我国智慧教育实现了从无到有，再到规模化、制度化的纵深发展。数据显示，我国教育信息化市场规模从 2016 年的 4 960 亿元增长至 2020 年的 8 255.5 亿元。从 2019 年开始，我国开展了国家"智慧教育示范区"的创建工作，2019 年和 2020 年共有北京市东城区、山西省运城市、上海市闵行区、湖北省武汉市和湖南省长沙市等 18 个区域入选。在 2020 年新冠肺炎疫情的影响下，全国中小学利用线上教学平台实施"停课不停学"政策，大规模的在线学习需求使得线上教学普及率从 20% 上升到了 100%，提升了学校和学生对于智慧教育的认知。

在智慧交通基础设施方面，交通运输部发布了《关于推动交通运输领域新型基础设施建设的指导意见》，明确要打造融合高效的智慧交通基础设施。当前我国各类智慧铁路、智慧港口、智慧邮政、智慧枢纽、智慧航道等项目正如火如荼展开，上海港、青岛港、宁波舟山港等港口先后进行了智慧化、码头自动化等改造，实现了"智慧港口"的落地。我国各地先后涌现出了近 50 家智能网联汽车或自动驾驶测试基地和示范区，如国家智能网联汽车（上海）试点示范区、国家智能汽车与智慧交通（京冀）示范区、国家智能网联汽车（武汉）测试示范区等。

在智慧农业基础设施方面，我国大力推进农业网络基础设施建设，推动农业生产管理数字化、智能化。通过搭建智慧农业服务平台等方式，实现了数字技术在农业生产管理中的综合应用，目前已经实现和落地的场景包括自动农机、智能养殖、精准种植、人工智能饲养等。智慧农业也吸引了大批参与者，传统农机企业如中国一拖、雷沃重工等，互联网企业如华为、京东、阿里、百度等，纷纷布局进入智慧农业领域。2020 年苏州市开展了智慧农业试点试验，并与中国农科院签订了战略合作协议，在"共建中国农科院华东农业科技中心"等 7 个方面展开深入合作。

（三）创新基础设施指数

创新基础设施指数如图 23 所示。全国 31 个省市区的平均分为 76.29。创新基础设施指数基本反映了该省份在创新基础设施领域各方面的积累和实力。

图 23　创新基础设施指数

在重大科技基础设施方面，我国目前已经布局建设了 55 个国家重大科技基础设施。截至 2020 年年末，正在运行的国家重点实验室有 522 个，国家工程研究中心（国家工程实验室）有 350 个。2020 年全年研究与试验发展（R&D）经费支出 24 426 亿元，同比上年增长了 10.3%。

在科教基础设施方面，全国各地纷纷设立产教融合基地，在多个研究领域均有布局。同时各省市区积极对接科研力量，大量落地博士后科研工作站、院士工作站等科研创新力量。在大学产学研合作方面，我国推动国家大学科技园建设，推动创新资源集聚和科技成果转化，加强产学研用的创新体系，目前已有 114 家国家级大学科技园，其中东部地区是我国大学科技园的集中区域。

在产业技术创新基础设施方面，我国持续推进产业技术创新体系建设，积极布局企业技术中心、技术创新中心、孵化器、双创空间等基础设施，为产业技术进步提供了重要支撑。目前我国现有国家企业技术中心 1 636 家，国家级科技企业孵化器 1 173 家。全年批准专利 363.9 万件，同比增长 40.4%。全年共签订技术合同 55 万项，技术合同成交金额 28 252 亿元，同比增长 26.1%。

三、区域指数状况分析

从区域视角看，新型基础设施竞争力指数评价结果如图 24 所示。东部地区平均分数最高，为 82.57，除海南省外，其余省市区得分均超过全国平均线（76.28）；中部地区的河南省、湖北省、安徽省得分在全国平均线以上；西部地区各省市区之间得分差异较大，但四川省一枝独秀；东北地区表现一般，得分在全国平均线上下。

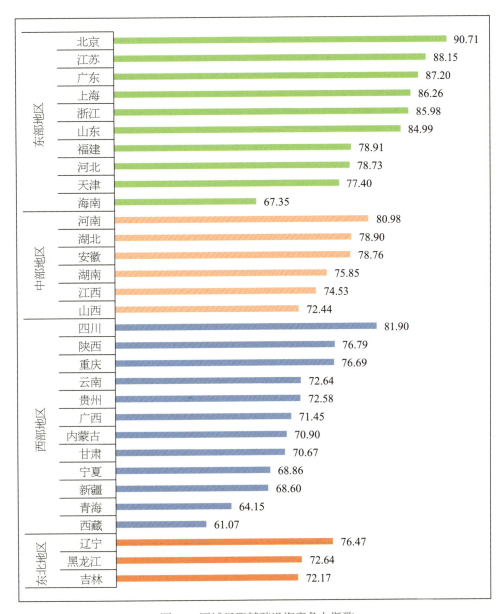

图 24 区域新型基础设施竞争力指数

（一）东部地区

东部地区新型基础设施竞争力指数如图 25 所示，排名如表 8 所示。信息基础设施竞争力指数平均分为 82.92，融合基础设施竞争力指数平均分为 82.98，创新基础设施竞争力指数平均分为 81.67，各项一级指标在全国均处于领先地位，示范引领作用凸显。

东部地区新基建总指数得分有 6 个省市位于全国前 8，北京市信息基础设施得分和创新基础设施得分均居全国首位。江苏省、广东省、上海市、浙江省、山东省发展势头强劲，福建省、河北省、天津市紧随其后，海南省相较仍有较大提升空间。

图 25 东部地区新型基础设施竞争力指数

表 8 东部地区新型基础设施竞争力指数排名

省市	新型基础设施竞争力指数排名	信息基础设施指数排名	融合基础设施指数排名	创新基础设施指数排名
北京	1	1	5	1
江苏	2	2	3	2
广东	3	4	2	5
上海	4	3	6	3
浙江	5	6	1	6
山东	6	7	4	4
福建	9	17	7	16
河北	12	10	10	11
天津	13	11	14	13
海南	29	27	29	29

1. 信息基础设施

东部地区信息基础设施平均分为 82.92，远高于其他地区。东部地区经济发达、产业基础雄厚，5G 基站、数据中心、智能云计算中心等信息基础设施围绕京津冀、长三角、粤港澳大湾区三大城市群大规模密集投入，北京市、江苏省、广东省、上海市、浙江省、山东省信息基础设施建设发展迅速。

在通信网络建设方面，北京市大力推广应用千兆固网、IPv6 应用，已建成 5G 基站数量超过 3.7 万个，基本实现城区和部分重点业务区的连续覆盖。广东省立足打造全球最大的 5G 产业集聚区，已累计建成 5G 基站 12.4 万个，5G 产业规模、用户数和基站数居全国第一。上海市"双千兆宽带城市"已初步建成，千兆固定宽带已覆盖 960 万户家庭。海南省此项得分不高，但依托文昌发射中心，初步形成了遥感产业链，将为卫星互联网产业链的发展提供支持。

在新技术基础设施方面，北京市汇聚了大数据、人工智能、区块链、云计算等领域的全国顶尖企业和人才，国际大数据交易所、百度飞桨人工智能产业创新应用平台、长安链生态联盟等新型技术平台加速设立，中国科学院计算机网络信息中心、光大银行云计算中心等高精尖项目成功落地。上海市北区块链生态谷、区块链工程技术中心纷纷揭牌成立，助力上海建立具有自主知识产权的区块链系统。同时上海市还参与了国际国内标准的制定。天津市立足国家新一代人工智能创新发展试验区的建设，支持麒麟软件、华为鲲鹏等科研企业，通过典型示范推动人工智能规模化应用，形成了国产基础软硬件天津产品群。

在算力基础设施方面，北京超级云计算中心在 2020 年的超级计算机前 100 榜单中位居中国第三，直接服务用户已经超过 30 000 家。江苏省国家超级计算无锡中心平均每年支撑近 400 家单位、千余个用户开展科研工作。上海市作为数据中心产业集聚地之一，在用的数据中心达 108 个，规划在建的数据中心机架规模超过 16 万个，初步形成了外高桥园区和宝钢园区的数据中心集群。河北省着力提升数据中心服务能力，为京津冀地区的数字经济发展注入算力动能。阿里巴巴张北云计算庙滩数据中心等 3 家数据中心入围了 2020 年度国家绿色数据中心名单。广东省清远数据中心、横琴先进智能计算平台等信息基础设施项目成功落地，新兴产业正展现出支撑未来经济增长的潜力。

2. 融合基础设施

东部地区融合基础设施平均分为 82.98，远高于其他地区。东部地区大力推动传统行业实现转型升级、提质增效，总体上在产业与 5G、互联网等数字技术的深度融合方面颇有成效。相比之下，河北省、天津市、海南省融合基础设施发展仍需提高。

在工业互联网平台方面，浙江省信息化和工业化实现了深度融合，融合基础设施以 89.90 分位列全国第一。阿里云计算有限公司、浙江蓝卓工业互联网信息技术有限公司入选了工信部双跨平台公示名单。同时，浙江省已创建省级工业互联网平台 210 家、认定省级智能工厂 263 家。

在智慧能源基础设施方面，上海市、江苏省、河北省已多点布局。上海市通过智能制造助力钢铁、石化行业实现清洁生产、降碳减污，增强碳金融、碳排放权交易服务功能。江苏省借助苏州"开放式能源互联网共享服务平台"试点与江苏能源云网平台建设的契机，打造共享共赢的能源生态圈。河北省正加快建设"智慧绿能云"能源大数据中心,贯通能源数据服务生态全链条,截止到2020年底已上线发布了26项电力数据产品。

在智慧交通基础设施方面,天津市、江苏省、广东省在智慧交通方面发展迅速。天津市打造了智慧港口的国家级示范区,与华为、百度签署深化战略合作协议,构建了港航大数据服务、运营与创新协同平台。江苏省成立了智慧交通产业联盟,在智慧交通技术研发、产品开发、系统集成方面汇聚了核心竞争力。同时无锡市作为国家级车联网先导区,在打通交管信息渠道、助力自动驾驶、提升出行服务水平方面均取得了积极的成果。广东省积极加快5G、北斗卫星导航等新技术行业试点应用。广东航运公共信息服务平台已上线试运行,电子航道图实现千吨级及以上高等级航道全覆盖,粤港澳大湾区"数字交通"建设的步伐大大加快。

在智慧教育基础设施方面,北京市、山东省优势明显。北京市海淀区作为2020年度全国"智慧教育示范区",率先发布了智慧教育云、中小学资源平台,其中包含106个资源子库,覆盖12个年级、111个学科。同时与好未来、新东方、作业帮等多家驻区企业合作,满足学生多元需求。山东省推出了智慧教育引领行动等8大行动计划,并与科大讯飞、浪潮集团签署战略合作协议,积极构建与教育现代化相适应的教育信息化体系。2020年完成了10个智慧教育示范区、130所智慧教育示范校建设,初步构建起支撑个性化教学的智慧教育环境。

在智慧医疗基础设施方面,福建省、浙江省多措并举。福建省扎实推进国家"互联网+医疗健康"示范省建设,建立了全省统一的预约诊疗服务入口和省级电子健康卡"多码融合"应用平台,推行医疗健康服务"一码通"和核酸检测信息共享互认,已初步实现了各类医疗健康数据在统一平台的归集共享。浙江省6个"互联网+医疗健康"服务典型案例获国家卫健委通报表扬,"互联网+医疗健康"服务已纳入省政府数字化转型"8+13"重大示范项目,整合拓展了浙江互联网医院、浙江健康导航和全省检查检验等系统的共享服务,有力促进了智能影像识别、病理分析、辅助诊疗等医学人工智能的创新应用。

在智慧农业基础设施方面，海南省、山东省持续发力。海南省大力发展热带高效现代化农业，三亚珈和遥感卫星公司、海南普适智能科技有限公司等一批智慧农业企业落地海南，在种植、养殖、产销对接等环节为海南注入"智慧"因子。山东省依托寿光市现代农业高新技术示范区建设了智慧农业创新孵化平台，研发、集成了一批涵盖农产品生产、加工、储运、销售等环节的智能技术和设备，推进建设了100家智慧农业应用基地、16家智能牧场，并打造了现代化海洋牧场综合管理平台。

3. 创新基础设施

东部地区创新基础设施平均分为81.67，远高于其他地区。东部省份重大基础性科研创新平台、科教园区、创新创业孵化器的数量均位于全国前列，在产业结构上也侧重于基础研发与技术创新，科技创新要素共享机制较为完善。北京市、江苏省、上海市在创新基础设施得分排名中遥遥领先，山东省、广东省、浙江省紧随其后。

在重大科技基础设施方面，北京市部署了高能同步辐射光源、多模态跨尺度生物医学成像设施等国家重大科技基础设施，数量上位居全国第一。同时北京市大力推进怀柔综合性国家科学中心的建设，统筹布局"从0到1"基础研究和关键核心技术攻关。上海市以提升基础研究能力和突破关键核心技术为主攻方向，已建成和在建的光源二期、上海超强超短激光实验装置、X射线自由电子激光试验装置等国家重大科技基础设施就有14个。江苏省正加快建设国家未来网络试验设施、高效低碳燃气轮机实验装置。紫金山实验室先后牵头16项国家科技部、工信部重大项目，已获批进入国家战略科技力量序列。

在科教基础设施方面，北京市拥有全国将近一半的两院院士、90多所大学、1000多所科研院所、128个国家重点实验室，科技创新资源集聚。山东省作为国家首批产教融合建设试点省，建有国家重点实验室21个，以中科院海洋大科学研究中心、中国工程科技发展战略山东研究院为代表的国家战略创新机构落户于此。青岛市发挥16家技工院校育才优势，积极搭建产教融合、校企合作新平台。广东省不断夯实粤港澳大湾区的科创基础,已形成包括 30 家国家重点实验室、396 家省重点实验室、20 家粤港澳联合实验室在内的实验室体系。深圳 TCL 华星光电技术有限公司等 5 家企业博士后工作站分站相继成立,全市博士后引进年均增速(近五年)超过 30%,累计招收培养近万人,高层次人才储备已成为支撑创新发展的新动力。

在产业技术创新基础设施方面,北京市着力加速科技创新成果转化,拥有 68 个国家工程技术中心、近 3 万家国家级高新技术企业,建成了京津冀国家技术创新中心等一批技术创新平台。广东省成功引进了中科院微电子所、国家纳米中心等 21 家高水平创新研究院,累计建成产业技术创新联盟 286 家、新型研发机构 297 家。山东省加快建设高水平创新型省份,高新技术企业突破 1.46 万家,国家企业技术中心总数位居全国第一,国家级众创空间、科技企业孵化器分别为 242 家和 98 家,位居全国第二、第三。浙江省在"卡脖子"技术和重点产业领域突出涌现了一批创新成果。2020 年全省新增首台(套)装备 216 项、首批次新材料 17 项、首版次软件 55 项,新增国家技术创新示范企业 19 家,国家企业技术中心总数位居全国第二。天津市拥有 260 家众创空间,孵化器在孵企业超 4 400 家。同时,推动建设了中韩、中英示范型国际技术转移平台,建立了中科院北京国家技术转移中心天津中心和微电子所滨海研究院等产业化基地,推进了协同创新的深入发展。

(二)中部地区

中部地区新型基础设施竞争力指数结果如图 26,排名如表 9 所示。中部地区各省市积极优化生产经营环境,进行产业数字化转型与升级,以做好东部地区创新研究的成果转化和产业落地。河南省、湖北省的新型基础设施竞争力指数高于全国平均分(76.28),河南省较为突出,为 80.98。而湖南省、江西省、山西省则有待提高。

图 26 中部地区新型基础设施竞争力指数

表 9 中部地区新型基础设施竞争力指数排名

省市	新型基础设施竞争力指数排名	信息基础设施指数排名	融合基础设施指数排名	创新基础设施指数排名
河南	8	5	8	12
湖北	10	13	11	8
安徽	11	9	12	14
湖南	17	12	18	15
江西	18	18	19	19
山西	22	26	15	26

1. 信息基础设施

中部地区的信息基础设施平均分为 77.46，高于全国平均分 76.34。河南省和安徽省表现较为突出。

在通信网络基础设施方面，各省的 5G 基站数量均有大幅度的提升。河南省在 5G 建设上的投资为 101.4 亿元，新建 5G 基站 3.47 万个，5G 基站总数累计达到 4.54 万个，5G 用户达 1 746.5 万户，实现了县城以上城区 5G 网络的连续覆盖。中国联通（河南）5G 重点实验室已开展了 5G 核心网、无线网主设备的功能测试，中国铁塔（河南）5G 技术创新中心牵头制定了《中国铁塔 5G 无源室分技术建设指导意见》。安徽移动联合华为公司共同构建了 IPv6 端到端质量分析体系，实现 IPv6 问题精准定界，推动 IPv6 转化，支撑网络、终端、业务等发展，提高了 IPv6 用户业务感知。各省也在积极建设千兆宽带，例如，目前湖北电信在武汉市已实现小区千兆全覆盖，双千兆小区也有 4 000 多个，标志着湖北省进入了"双千兆"时代。

在新技术基础设施方面，百度公司在山西省成立了人工智能数据标注产业基地。安徽省具有雄厚的科研实力，人工智能发展起点高、起步早。合肥有一批人工智能领域的龙头示范企业，如科大讯飞、泰禾智能等。同时，落地了合肥综合性国家科学中心人工智能研究院等机构。科大讯飞联合中国科学技术大学大数据分析与应用安徽省重点实验室、语音及语言信息处理国家工程实验室共同完成的"面向智能教育的自适应学习关键技术与应用"项目，获得了中国智能科学技术最高奖"吴文俊人工智能科学技术奖"。

在算力基础设施建设方面，河南省与安徽省处于区域领先位置。河南省国家大数据综合实验区成为国家首批区域示范类综合试验区之一，并有 6 个项目入选工信部公布的"2020 年大数据产业发展试点示范项目名单"。安徽合肥先进计算中心将面向综合性国家科学中心建设和安徽省战略性新兴产业升级发展需求，正式被纳入《长三角科技创新共同体建设发展规划》，直接服务于长三角中心的大科学、大系统和大工程类应用。山西省具有良好的地理位置和能源优势，可降低大数据中心数据挖掘的成本。山西省环首都·太行山能源信息技术产业基地是中国首个 100% 可再生能源稳定供给的信息技术产业基地，并获得了全球最佳项目奖。但山西省在算力基础设施建设上仍需要利用能源和气候优势，集中发力。

2. 融合基础设施

在融合基础设施方面，中部地区平均分数为 77.11。

在工业互联网方面，安徽省重点支持的"5G+工业互联网"十大创新应用，涵盖了钢铁、水泥、汽车、装备、家电、电力等工业领域，在服务生产、降本增效等方面发挥了良好的示范带动效应。工业互联网标识解析国家顶级节点落户湖北省武汉市，并和北京的主数据中心连通，为华中地区乃至全国的标识解析二级节点建设、企业应用和公共服务提供强有力的支持，并提供高效、稳定的标识编码注册和标识解析服务。武汉市已拥有9个智能制造国家级试点示范项目，在全国副省级市中排名第二。山西省拥有同煤集团、清控数联、云镝智慧科技3个工业互联网标识解析二级节点，并与国家顶级节点对接。

在智慧能源基础设施方面，中部各省份发挥能源优势，取得了优秀成绩。山西省阳煤集团与华为公司、中国移动共同建造的全国首个5G智慧煤矿，实现了煤矿的智能管理。山西省能源型互联网企业正在推动互联网平台与能源专业服务的深度融合，以解决能源产业产能过剩的难题。国网河南省电力公司已运营充电站21座，充电桩1 503个，在加快充电基础设施建设的同时，还通过出台"建设+运营"省级财政双奖补政策、开发智能充电APP等举措，进一步推动充电桩市场良性发展，以提高车主用车便利性。湖南省智慧能源综合服务平台通过能源大数据库优化能源配置，实现了能源生产和消费质量的升级。

在智慧医疗方面，湖北省电信打造的5G+AI新冠肺炎远程智能诊断系统，不仅节省诊断时间，同时还升级了人工智能外呼系统，实现了智能外呼随访，高效、持续、科学地进行信息收集、跟踪和分析，为疫情防控的科学决策提供了重要支撑。安徽省将"智医助理"全科辅助诊疗系统建设纳入省政府民生工程。中国科技大学附属第一医院等省级医院在此系统上为患者提供电子病历查询、智能预约问诊，目前使用医生达3万多人，提供辅助诊断6 508.2万次。

在智慧教育方面，中部地区多个地市入选国家"智慧教育示范区"的创建名单。安徽省蚌埠市入选了国家2020年度"智慧教育示范区"，已投入智慧学校建设资金约20亿元，2021年将完成全省58%的乡村中小学智慧学校建设。江西省南昌市同样入选了"智慧教育示范区"，智慧作业大数据平台在疫情期间累计为6 000多所学校的250万名学生提供了个性化作业服务2 000万余次。山西省运城市、湖北省武汉市、湖南省长沙市和河北省雄安新区也入选了"国家智慧教育示范区"，以探索和实践智慧教育。

在智慧交通基础设施方面，河南省表现较为突出。河南省有郑州市、洛阳市等 8 个城市开展了智慧城市试点，郑州市已开通运营国内首条自动驾驶商用智能公交线路。湖北省地理位置优越，承担了智慧交通试点的重要任务，与阿里巴巴等互联网公司合作，利用大数据平台开发的一系列优化交通组织方案，有效缓了解城市拥堵等交通问题。

在智慧农业方面，安徽省积极利用新科技，在提高效率的同时助力脱贫。淮南市凤台现代农业科技示范产业园规划建设的智能玻璃温室，是目前亚洲规划投产面积最大的单体智能玻璃温室，实现了"互联网＋农业＋金融"的组合。河南省积极整合数据资源，建成了 39 个"三"专题数据库，汇集各类涉农数据 6 亿条，形成"三农"服务"一张网"，为数字乡村发展提供了基础支撑。同时还有济源市、固始县、温县等地入选了国家现代农业示范区。

3. 创新基础设施

在创新基础建设方面，中部地区平均分为 76.08，和全国平均分相近。

在重大科技基础设施方面，安徽省、湖北省相对处于领先水平。安徽省依托中科大、合工大、安大、清华大学合肥公共安全研究院等高校和科研院所，建立了多个重点实验室，如中国科学院大气光学实验室、中国科学院强磁场与离子束生物学实验室等，进行关键技术突破。湖北省将中国科学院"率先行动"计划与湖北省整体战略布局的相融合，使省属国家重点实验室的数量增至 29 家，如作物遗传改良国家重点实验室、华中科技大学激光技术实验室、武汉大学测绘遥感信息工程实验室等，总数量位居全国第四。而江西省，山西省在此方面有待加强。

在科教基础设施方面，湖北省表现相对突出，有 13 个国家科技创新平台落地湖北省，如中非创新合作中心、湖北国家应用数学中心等。湖北省已有多家高校入选教育部省部共建协同创新中心名单，如高性能钢铁材料及其应用省部共建协同创新中心（武汉科技大学）、信息化与基础教育均衡发展省部共建协同创新中心（华中师范大学）等。

在产业技术创新基础设施方面，各省表现良好。河南省在建设农业科技园方面表现更加突出，已有国家农业科技园区14家，如"中国种谷"。安徽省合肥国家大学科技园是经国家科技部、教育部批准的15个国家大学科技园建设试点单位之一，有合肥国家大学科技园创业中心、中国科学技术大学科技产业园等分园。山西省借助山西转型综合改革示范区建设的契机，全省发力"智创城"建设，打造科创基础设施集群，形成了孵化集聚效应。

（三）西部地区

西部地区新型基础设施竞争力指数和排名分别如图27和表10所示，信息基础设施竞争力指数平均分为70.69，融合基础设施竞争力指数平均分为71.38，创新基础设施竞争力指数平均分为71.99，均低于全国平均水平，与发达地区差距较大。西部地区仅四川省新型基础设施竞争力指数超过80，位列全国第七。且四川省各一级指标项得分均超过80，位居地区首位。陕西、重庆紧随其后。青海、西藏、宁夏、新疆相较仍有待提高。

表10　西部地区新型基础设施竞争力指数排名

省市	新型基础设施竞争力指数排名	信息基础设施指数排名	融合基础设施指数排名	创新基础设施指数排名
四川	7	8	9	7
陕西	14	14	17	9
重庆	15	15	13	18
云南	20	22	21	23
贵州	21	20	22	22
广西	24	24	20	27
内蒙古	25	23	26	25
甘肃	26	25	27	21
宁夏	27	28	24	28
新疆	28	29	25	24
青海	30	30	30	30
西藏	31	31	31	31

图 27　西部地区新型基础设施竞争力指数

1. 信息基础设施

西部地区信息基础设施平均分为 70.69，低于全国平均水平，与发达地区存在一定差距。西部地区多为经济欠发达省份，在城市信息化、网络化建设方面资金投入有限。相比之下，四川省、陕西省和重庆市信息基础设施发展较好。

在通信网络建设方面，四川省大力推进 5G 组网建设，实现了市市通 5G、县县通 5G，截至 2020 年累计建成 5G 基站约 3.9 万个，位居西部第一、全国第五。陕西省启动了"5G+ 数据中心"等新基建重大项目，截至 2020 年已累计建成逾 1 万个 5G 基站。重庆市有效推动了"通信塔"与"社会塔"的深入共建和开放共享，截至 2020 年，基于路灯杆、监控杆、标识杆等社会杆塔设施资源的"多杆合一"5G 宏基站站址达到 1 万座，基于上述设施的 5G 微 / 皮基站站址达到 5 万座。

在新技术基础设施方面，贵州省大数据技术拔得头筹，拥有首个国家级大数据综合试验区——贵州大数据综合试验区。四川省积极推动区块链企业发展，2020 年区块链企业增速约为 2018 年的 3 倍。注册资本 1 000 万元以上的企业已从 2019 年不足 100 家扩大到共 415 家，占全省所有区块链企业的 1/3。重庆市加快发展区块链产业集聚，努力打造湘黔渝区块链产业聚集区。

在算力基础设施方面，贵州大数据综合试验区、重庆国家大数据综合试验区落地西部，在大数据与实体经济深度融合推动传统产业转型方面取得了显著成效。贵州大数据中心走廊东西约为 19 公里，覆盖贵州大数据城、贵州科学城、贵州金融城、贵州国际会展城、贵阳大数据中心等 5 部分，相继落地了苹果、微软、华为等多家行业巨头的数据中心。2019 年，贵州大数据产业总收入达 1 500 亿元，大数据产业发展指数位列全国第三，数字经济增速连续 5 年排名全国第一。

2. 融合基础设施

西部地区融合基础设施平均分为 71.38，低于全国平均水平。西部地区多为经济欠发达和产业结构不均衡省份，加之地形地势等导致的交通不便，在融合基础设施建设方面存在一定局限。但相比之下，四川省、重庆市、陕西省和广西壮族自治区的融合基础设施发展较好。

在工业互联网平台方面，重庆市忽米 H-IIP 工业互联网平台作为中西部地区唯一一家工业互联网平台入选了工信部双跨平台公示名单，聚力推进重庆市数字经济（区块链）产业园、重庆市工业软件产业园等产业平台加快建设。

在智慧教育基础设施方面，陕西省 2020 年共批准设立了 5 个智慧教育示范区和 37 个智慧校园示范校，以及 2 个智慧教育培育区和 15 个智慧校园培育校。新疆维吾尔自治区积极落实国家通用语言文字能力提升工程和智慧教育数据中心的建设，皮山县智慧教育项目中标实施。

在智慧能源基础设施方面，陕西省着力发展新型智慧能源，国家电投清洁智慧能源项目落地，拟通过 5 年时间投资约 50 亿元，建设 100 万千瓦光伏、风电及综合智慧能源、储能等清洁智慧项目。四川省大力推进综合智慧能源建设，福溪发电签订了四川省首个"零碳"医院综合智慧能源项目。

在智慧医疗基础设施方面，四川省发挥四川大学华西医院等大型医院优势，大力推动智慧 3D 导航、智慧预约检查排程、智能导诊服务机器人、智慧后勤管理等技术应用，并在西南地区首次应用 5G 技术建设了新生儿 VR 探视系统。

在智慧交通基础设施方面，四川省依托成都绕城高速建成智慧高速公路，依托川九路建成智慧普通公路；在嘉陵江和岷江开展智慧航道建设；依托成都国际铁路港临港服务业功能区、中国（四川）自由贸易试验区川南临港片区、内江国际物流港，开展跨境电子商务综合试验，打造"一带一路"智慧国际区域物流基地。贵州省依托国家大数据（贵州）综合试验区，获批开展交通强国建设试点工作，已实现路网运行态势"全覆盖"。

在智慧农业基础设施方面，宁夏回族自治区推动落实宁夏智慧农业关键技术集成应用与示范项目等"十三五"自治区重点研发计划重大项目，众多项目成果已在 5 个国家级园区的 13 家企业进行了示范和应用。云南省大力发展"5G+智慧农"项目，基于大数据、5G+AICDE 等技术手段，构建以县域农业大数据中心及现代农业产业园"GIS 一张图"为基础，涵盖农业生产、经营、管理、服务四大应用系统的智慧管理平台。广西壮族自治区在全国率先建设了广西农业大数据中心，应用推广了包括农业生产指挥调度、农业地籍信息管理等在内的一批农业智能化应用系统。

3. 创新基础设施

西部地区创新基础设施平均分为71.99，低于全国平均水平，与发达地区存在差距。四川省和陕西省创新基础设施发展较快，得分均高于80。甘肃省创新基础设施建设较好，分数与重庆市相近。

在重大科技基础设施方面，四川省、陕西省两省发展迅速。截至2020年年底，四川省已建和在建的包括中国环流器系列装置、高海拔宇宙线观测站、转化医学研究设施（四川）项目等在内的国家重大科技基础设施共7个，占全国总数的1/8。陕西省围绕技术优势领域和产业创新需求实际，加快建设高精度地基授时系统、转化医学两个国家重大科技基础设施，并启动国家超算（西安）中心建设，支持西安建设综合性国家科学中心。

在科教基础设施方面，四川省推动宜宾市建设高质量国家产教融合示范市，全力打造成渝地区区域科教中心。陕西省整合省内高校资源优势，大力发展中国西部科技创新港等国家级科教基础设施。重庆市为凝练和解决一批制约产业发展的"卡脖子"关键数学问题，由重庆师范大学牵头建设起西部唯一的国家级数学中心——重庆国家应用数学中心。

在技术创新基础设施方面，四川省聚焦生物医药领域，建立了四川首个省级产业创新中心——精准医学产业创新中心，并加快创建了一批国家级临床医学研究中心和新药创制国家科技重大专项成果转移转化试点示范基地。陕西省着力实施"1155"工程，已建成空天动力研究院、国家增材制造创新中心、先导技术研究院等共性技术研发平台，省级以上"双创"孵化平台448家，以及7所国家火炬特色产业基地。重庆市面向高端芯片、人工智能、车联网、区块链、传感器等重点产业，以两江新区为综合创新引领，打造了一批技术研发创新平台。

（四）东北地区

东北地区新型基础设施竞争力指数和排名分别如图 28 和表 11 所示，信息基础设施竞争力指数平均分为 74.76，融合基础设施竞争力指数平均分为 71.32，创新基础设施竞争力指数平均分为 76.02，与发达地区差距较大。东北地区仅辽宁省新型基础设施竞争力指数超过全国平均分，为 76.47。

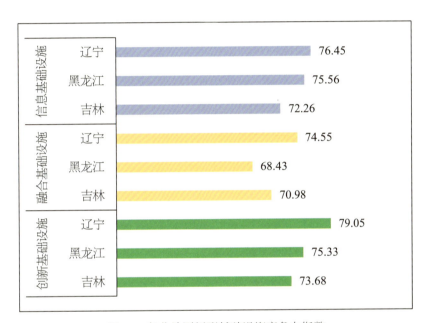

图 28　东北地区新型基础设施竞争力指数

表 11　东北地区新型基础设施竞争力指数排名

省市	新型基础设施竞争力指数排名	信息基础设施指数排名	融合基础设施指数排名	创新基础设施指数排名
辽宁	16	16	16	10
黑龙江	19	19	28	17
吉林	23	21	23	20

1. 信息基础设施

东北地区信息基础设施平均分为 74.76，低于全国平均水平。

在通信网络基础设施方面，辽宁省表现较好。2020 年辽宁省建设了 2 万个 5G 基站，位居全国第七，全省 5G 基站累计开通达 22 093 个，位居全国第十，全省 14 个市及沈抚改革创新示范区主城区基本实现了 5G 网络连续覆盖。黑龙江省新增 5G 基站 9 000 个，总计开通 1.31 万个，吉林省累计开通 9 500 个，稍落后。

在新技术基础设施方面，黑龙江省建立了哈尔滨经济开发区"中国云谷"、哈尔滨高新技术开发区"北方智谷"、大庆市高新技术开发区"凌云港"和黑河市"新曙光基地"等重点项目，促进老工业基地转型。

在算力基础设施方面，中国移动辽宁公司在大数据互联网方面起步早、创新能力较强，已建成沈阳、大连两大国家级数据中心，引导产业升级，进而覆盖整个东北地区的大数据产业中心和大数据衍生品交易中心。吉林省能源大数据智慧中心由省电力公司牵头建设，被国家发改委列为"东北振兴重点项目"。

2. 融合基础设施

东北地区融合基础设施平均分为 71.32，低于全国平均水平。东北是传统重工业基地，偏资源型、传统型、重化工型的产业结构和产品结构，导致其在新技术领域的积累较少，使其产业数字化、智能化发展偏慢。

在智慧能源方面，辽宁省表现相对较好。辽宁省庄河市已成为全国第一个智慧能源城市示范点。黑龙江省新建的变电站均按照智能变电站标准建设，将对老旧变电站分阶段、分地域逐步实施智能化改。国网吉林省电力公司注重培育用户侧能源托管、能效诊断与节能改造等综合能源服务新态，每年可为客户节约成本 2.4 亿元。

在工业互联网方面，辽宁省表现突出。辽宁省重点培育了 100 个 "5G+工业互联网"示范工厂和园区，并且拥有东北首个工业互联网标识解析综合型二级节点和全国首个"星火·链网"骨干节点。

在智慧交通方面，吉林省表现较为突出。正在建设的"吉林省高速公路智能化示范工程"是交通运输部为贯彻落实"交通强国"和"数字中国"战略目标，加快推进新一代国家交通控制网和智慧公路建设首批试点项目。

在智慧农业方面，吉林省作为农业大省，积极探索互联网和农业融合发展。

东北第一家智慧农业研究院在吉林农业大学成立,将针对吉林省智慧农业的问题,开展科技攻关和科技成果转化。黑龙江省有 2.1 亿亩耕地,北大荒集团在无人作业基础上,率先建立水田的自动叶龄诊断数据模型,成为全国第一个突破水田智能管理,并建立数据应用体系的农业企业。

在智慧医疗方面,黑龙江省哈尔滨医科大学二院 100% 实现网上挂号,互联网医院正式全面推广运行,已经成为东北三省上线专科最多、入驻医生最多、功能最齐全的互联网医院。辽宁省成功研发了"5G+智慧医疗物联网协同创新平台",并在中国医科大学附属盛京医院、辽宁省人民医院等数十家医院开展示范应用,技术达到国内领先水平。

在智慧教育方面,华为公司协同吉林大学、延边大学、长春大学等 10 余所高校达成"信息通信技术学院"合作,共筑信息通信技术人才生态平台,并提供教材开发、师资培养、实验室建设和学生认证等服务。

3. 创新基础设施

东北部地区创新基础设施平均分为 76.02,接近全国平均水平。东北地区拥有众多知名高校,有一定的科研技术积累和基础设施积累,有利于科教基础设施建设和产业技术创新基础设施建设。

在重大科技基础设施方面,哈尔滨工业大学与中国航天科学院共同建设的空间环境地面模拟装置,是东北地区首个国家重大科技基础设施。吉林省在建的国家重大科技基础设施"综合极端条件实验装置——高温高压大体积材料研究系统",已被纳入国家振兴东北老工业基地的计划。

在科教基础设施方面,吉林省依托吉林大学等高校建立了 10 个国家重点实验室,如集成光电子学国家重点实验室、超硬材料国家重点实验室等。辽宁省拥有 8 个国家重点实验室,如大连理工大学工业装备结构分析国家重点实验室、精细化工国家重点实验室等。黑龙江省拥有哈尔滨工业大学金属精密热加工国家重点实验室、哈尔滨工业大学城市水资源与水环境国家重点实验室等 4 个国家重点实验室。

在产业创新基础设施方面，黑龙江省哈尔滨新区担负着"重塑哈尔滨产业结构"的战略使命，是我国唯一一个以对俄合作为主题的国家级新区和最北部的国家级新区，为促进黑龙江经济发展和东北地区全面振兴发挥了重要支撑作用。作为中国首批3个低空开放试点区域之一，吉林省吉林市发展航空产业优势明显。吉林省吉林航空产业园具有千亿级产业规模，将成为中国东北对外开放的重要门户，是东北亚东部区域大宗货物运营基地。

四、总结与发展建议

（一）因地制宜，按需制定新基建发展规划

"十四五"规划和2035年远景目标纲要明确指出："统筹推进传统基础设施和新型基础设施建设，打造系统完备、高效实用、智能绿色、安全可靠的现代化基础设施体系。"新型基础设施是国现代化基础设施体系的重要组成部分。当前由于我国各省市传统基建和经济发展水平存在着巨大差距，在新型基础设施建设上，各地间差异明显。

各地要结合自身经济发展水平与传统基础设施基底，明确新型基础设施在当地"十四五"规划中的重要作用和定位，因地制宜订立新型基础设施建设的实施计划。例如要科学布局各类通信网络基础设施；在制造业较为发达的地区推进工业互联网发展；在自然资源集中的地区优先考虑用数字化技术改造传统能源开采模式等。

（二）强化创新，加快发展创新基础设施

相对于央视以及其他机构对于新型基础设施概念的理解，2020年4月国家发改委将创新基础设施作为重要内容囊括进来，体现了对于科技创新的重视。"十四五"规划和2035年远景目标纲要第二篇更加明确地提出要"坚持创新驱动发展，全面塑造发展新优势"。创新基础设施是我国深入实施科教兴国战略、人才强国战略、创新驱动发展战略，完善国家创新体系，加快建设科技强国的重要基础。

目前，我国在多个产业领域均存在着"卡脖子"的难题。针对产业薄弱环节，实施关键核心技术攻关和创新，需要各类创新基础设施的投入，需要各级政府结合地方产业现状，谋划产业创新和科技创新，大力推动创新基础设施的建设。

（三）多措并举，创新新基建投融资模式

传统基础设施的融资以政府为主，然而新型基础设施的融资需要在政府政策引导下，探索多投资主体参与的模式，充分发挥新基建专项债、专项贷款、政府投资基金、基础设施信托投资基金等多种方式的作用。

鼓励和引导各类资金参与新基建建设。通过设立准入、税收、融资等政策激励机制，充分调动社会资本进入新基建领域的积极性，鼓励企业加快数字技术落地与推广，积极布局新基建业务。

第四篇

山西省新型基础设施竞争力指数报告（2021）

一、体系描述

（一）新基建概念

2018年12月，中央经济工作会议首次提出要加快5G商用步伐，加强人工智能、工业互联网、物联网等新型基础设施建设。2019年7月，中共中央政治局会议又提出要加快推进信息网络等新型基础设施建设。2020年年初，新冠肺炎疫情突如其来，为了做好疫情防控和稳定经济社会运行，3月4日，中共中央政治局常务委员会召开会议，指出要"加快推进国家规划已明确的重大工程和基础设施建设。要加大公共卫生服务，应急物资保障领域投入，加快5G网络、数据中心等新型基础设施建设进度"。3月5日晚，央视国际频道在新闻观察栏目中，初步定义新型基础设施建设是发力于科技端的基础设施建设，包括特高压、新能源汽车充电桩、5G基站建设、大数据中心、人工智能、工业互联网、城际高速铁路和城际轨道交通七大领域。自此，新基建受到广泛关注。

2020年4月20日，国家发改委举行线上新闻发布会，明确给出新型基础设施的定义："新型基础设施是以新发展理念为引领，以技术创新为驱动，以信息网络为基础，面向高质量发展需要，提供数字转型、智能升级、融合创新等服务的基础设施体系。新型基础设施建设主要包括以下三个方面：信息基础设施、融合基础设施和创新基础设施。"同时发布会也强调："伴随着技术革命和产业变革，新型基础设施的内涵、外延也不是一成不变的。"此次概念的界定为新基建今后的研究和发展明确了方向。

2020年5月，习近平总书记视察山西时指出，要大力加强科技创新，在新基建、新技术、新材料、新装备、新产品、新业态上不断取得突破。当前山西正聚焦"六新"领域，谋求在转型发展上率先蹚出一条新路来，以全力推动经济高质量发展。

（二）指数体系介绍

课题组在《中国新型基础设施竞争力指数白皮书（2020）》的指数体系基础之上，参考2020年4月20日国家发改委定义的新型基础设施的范围、《国民经济和社会发展第十三个五年规划纲要》《关于推进"上云用数赋智"行动培育新经济发展实施方案》《工业和信息化部关于推动5G加快发展的通知》《中小企业数字化赋能专项行动方案》等相关政策文件，以及各省市新基建政策文件，相关研究白皮书、研究文献等资料，构建了山西省新型基础设施竞争力指数体系，如表12所示。

表12 山西省新型基础设施竞争力指数体系

一级指标	信息基础设施指数			融合基础设施指数							创新基础设施指数		
二级指标	通信网络基础设施指数	新技术基础设施指数	算力基础设施指数	智慧能源基础设施指数	智慧医疗基础设施指数	工业互联网指数	智慧政务基础设施指数	智慧教育基础设施指数	智慧交通基础设施指数	智慧农业基础设施指数	重大科技基础设施指数	科教基础设施指数	产业技术创新基础设施指数

该指数体系能够定量描述山西省各地市新型基础设施的发展现状，明确各地市在新基建方面所处的位置，为山西省制定《山西省"十四五"新基建规划》提供重要参考，为各地市抢抓新基建机遇，推动传统经济向数字经济转型，实现高质量发展提供重要参考依据。

1. 信息基础设施指数

信息基础设施主要是指基于新一代信息技术演化生成的基础设施。因此，信息基础设施指数设置了通信网络基础设施指数、新技术基础设施指数和算力基础设施指数3个二级指标。

2. 融合基础设施指数

融合基础设施主要是指深度应用互联网、大数据、人工智能等技术，支撑传统基础设施转型升级，进而形成的融合基础设施。因此，融合基础设施指数设置了智慧能源基础设施指数、智慧医疗基础设施指数、工业互联网指数、智慧政务基础设施指数、智慧教育基础设施指数、智慧交通基础设施指数和智慧农业基础设施指数 7 个二级指标。

3. 创新基础设施指数

创新基础设施主要是指支撑科学研究、技术开发、产品研制的具有公益属性的基础设施。因此，创新基础设施指数设置了重大科技基础设施指数、科教基础设施指数和产业技术创新基础设施指数 3 个二级指标。

二、整体评价与结果分析

（一）总体分析

山西省新型基础设施竞争力指数如图 29 所示。各地市的新型基础设施竞争力指数差异较大，太原市以 83.1 分遥遥领先，11 个地市平均分为 68.7，仅 3 个地市得分高于平均分，地区发展极不平衡。

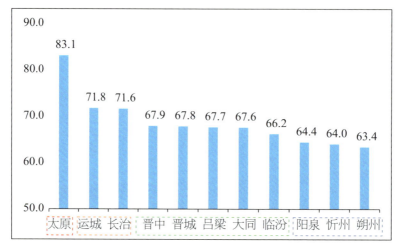

图 29　山西省新型基础设施竞争力指数

山西省新型基础设施竞争力二级指数如图30所示。山西省新型基础设施竞争力二级指数普遍处于63～73分之间，融合基础设施指数比信息基础设施指数和创新基础设施指数略好一些，各指数还有较大上升空间。

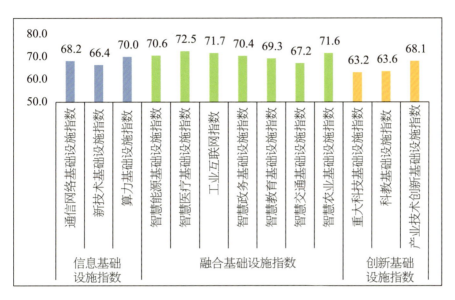

图30　山西省新型基础设施竞争力二级指数

按照山西省新型基础设施竞争力指数的得分，可以将11个地市分为4个梯队：第一梯队得分在75分以上，仅有太原市；第二梯队得分在70～75之间，有运城市和长治市；第三梯队得分在65～70之间，有晋中市、晋城市、吕梁市、大同市、临汾市；第四梯队为得分在65分以下，阳泉市、忻州市和朔州市在这一梯队。

太原市新型基础设施竞争力指数为83.1，远高于其他地市，与第二梯队有10分以上的距离，这显示了太原市在山西省新基建发展中的核心地位。太原市作为山西省省会城市，在经济、科技和人才等方面有极大的优势，各项二级指数得分都名列前茅；第二梯队平均分为71.7，运城市和长治市经济发展较好，新基建发展水平也较高；第三梯队的5个地市，平均分为67.4，处于发展的中间位置，新基建总体水平不高；第四梯队整体发展水平相对落后，各项得分处于靠后位置。

（二）信息基础设施

山西省信息基础设施指数如图 31 所示。在信息基础设施领域，太原市一枝独秀，得分远超其他地市，这得益于太原市在信息基础设施领域布局的先发优势和集中优势：太原市将在年底实现中心城区、周边重点区域及景区 5G 网络连续覆盖；太原市数字新技术领域企业集中，在数据中心等算力设施上均有一定的项目储备。其他 3 个梯队的平均分为 66.65，需要在信息基础设施建设方面持续发力。

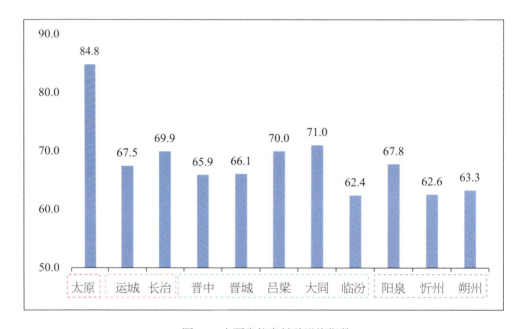

图 31　山西省信息基础设施指数

（三）融合基础设施

山西省融合基础设施指数如图 32 所示，呈现出一定的梯度。各地市均在融合基础设施建设上发力，在智能矿山、智能工厂、智慧能源等领域的应用不断展开。融合基础设施的发展在一定程度上依赖于当地的实体经济的发展，太原市拥有较强的经济和创新基础，融合基础设施指数为 83.1，排名第 1。其他地市的得分和排名情况大致依 GDP 实力排列。

图 32 山西省融合基础设施指数

（四）创新基础设施

山西省创新基础设施指数如图 33 所示。创新基础设施指数得分靠前的太原市、长治市、大同市、晋中市，均被列入 2019 年山西省产教融合试点城市。太原市在创新基础设施得分位居第一，超过其他地市。太原市聚集了山西省大量研究型高校和科研机构，汇集了省级创新中心、工程研究中心、技术研究中心等产业创新研究力量，实力最强。长治市拥有包括山西省半导体产业联盟、山西大学固废综合利用长治研发基地等在内的 91 家产学研创新平台。大同市得益于大同市国际能源革命科技创新园、同煤双创中心、中国科学院工程热物理研究所大同分所等项目建设，提升了整体科创实力。晋中市 2020 年获批新建了"省部共建组分中药国家重点实验室"和"省部共建木本油料资源利用国家重点实验室"，以及建成 1 个国家级农产品检验检测中心。其余地市在创新基础设施上的成果略有不足。

图 33　山西省创新基础设施指数

山西省各地市新型基础设施竞争力指数和一级指标指数排名汇总如表 13 所示。

表 13　山西省新型基础设施竞争力指数和一级指标指数排名汇总

地方	新基建指数		信息基础设施指数		融合基础设施指数		创新基础设施指数	
	得分	排名	得分	排名	得分	排名	得分	排名
太原	83.1	1	84.8	1	83.1	1	80.6	1
运城	71.8	2	67.5	6	78.3	2	61.9	8
长治	71.6	3	69.9	4	73.7	3	69.0	2
晋中	67.9	4	65.9	8	70.3	5	65.0	4
晋城	67.8	5	66.1	7	70.9	4	63.0	5
吕梁	67.7	6	70.0	3	68.3	7	62.5	7
大同	67.6	7	71.0	2	65.5	9	67.8	3
临汾	66.2	8	62.4	11	70.2	6	61.7	9
阳泉	64.4	9	67.8	5	63.1	11	62.7	6
忻州	64.0	10	62.6	10	66.1	8	61.0	10
朔州	63.4	11	63.3	9	64.6	10	60.6	11

三、山西省地市评价

（一）太原市

太原市新型基础设施竞争力指数如图 34 所示。太原市是作为山西省省会城市和发展核心引擎，新型基础设施指数为 83.1，排名全省第一，处于第一梯队。

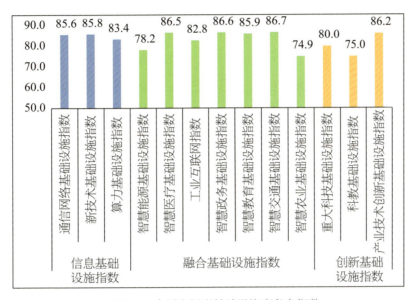

图 34　太原市新型基础设施竞争力指数

1. 信息基础设施

太原市的信息基础设施表现突出，远高于省内其他城市。在通信网络方面，太原市是国内 5G 首批商用试点城市之一，在《太原市加快 5G 发展实施方案》指导下，5G 建设推进成效初显，截至 2020 年 5 月累计建成 5G 基站 2 418 余个，开通 5G 基站 2 262 个。在新技术方面，太原市积极推动新兴技术研发落地，陆续开展物联网云数据中心、百度山西人工智能基础数据产业等项目建设。运用新技术赋能产业发展。在算力基础设施方面，太原市与中国长城、中国移动等公司合作建设云计算数据中心，并签约落地了山西先进计算中心暨计算科学产业基地二期项目。

2. 融合基础设施

太原市融合基础设施整体居于领先地位，智慧医疗、智慧政务、智慧教育及智慧交通占据优势。

在智慧医疗方面,太原市积极搭建全民健康平台及智慧医疗医保平台,建立"区域协同公共卫生报病信息系统",太原市也是全省唯一入选国家首批医保基金智能监控示范点城市。在智慧政务方面,太原市积极推进"互联网+政务服务",以实现高效的政务管理。在智慧教育方面,推出万柏林区智慧教育云平台等教育服务平台,以教育信息化推进教育现代化。在智慧交通方面,太原市静态交通大数据平台是目前国内唯一投入实际使用的城市级智慧停车平台。此外太原市人工智能车联技术研究与检测产业化平台也在建设中。在工业互联网方面,山西转型综改示范区落地了清控数联承建的山西省首个工业互联网标识解析综合性二级节点。同时山西快成物流科技承建的工业互联网标识解析(道路货物运输行业)二级节点通过建设审批。太原市与中国长城签署了战略合作框架协议,开展智能制造(山西)工业互联网应用项目。在智慧能源方面,太原市开展了"新能源+电动汽车"协同互动智慧能源试点建设,同时依托中科院煤化所、美锦能源等机构,以打造全省能源革命领跑者和全国能源革命创新高地。

3. 创新基础设施

太原市在创新基础设施建设方面积累了一定成果,明显优于省内其他城市。在重大科技基础设施方面,太原市已有7家国家级重点实验室。在科教基础设施方面,太原市已有一批新型研发机构落地,如清华大学山西清洁能源研究院、山西高等创新研究院、太原理工大学先进成形与智能装备研究院、山西智能大数据产业技术创新研究院等。在产业技术创新基础设施方面,太原市借助山西转型综改示范区建设机遇,落地了国科晋云先进计算基地、深圳电子产业园、百信电子信息产业园等一批重点项目,协同太原市智创城双创中心、华为公司鲲鹏生态基地等形成孵化集聚。2020年,太原市科技型中小企业和高新技术企业数量分别同比增长86.5%和68%。建设国家企业技术中心16户,新建院士工作站5个,引进院士专家及其团队44人,创新实力明显增强。

(二)运城市

运城市新型基础设施竞争力指数如图35所示。运城市旅游资源丰富,经济发展水平位于全省前列,新型基础设施指数为71.8,排名全省第二,处于第二梯队。

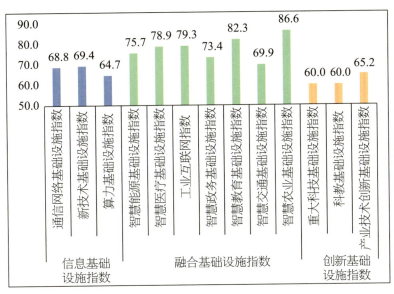

图 35　运城市新型基础设施竞争力指数

1. 信息基础设施

运城市信息基础设施指数在全省排名第六,处于中游位置。在通信网络基础设施方面,运城市实施"66111"计划,加快了 5G 基础设施布局和大数据中心的建设。2020 年 6 月发布的《运城市加快 5G 产业发展实施方案》提出,到 2020 年年底,运城市中心城区、各县(市)重点区域及景区 5G 网络要基本实现连续覆盖和商用,全市 5G 基站累计将达 1 600 个。

2. 融合基础设施

运城市融合基础设施指数表现不俗,位居全省第二,仅次于太原市,尤其在智慧农业和智慧教育领域占据优势。

在智慧农业方面,盐湖区是山西省唯一的双国家级农业园区,是大力打造现代农业的先导区和新标杆,并已建成运城智慧农业平台。在智慧教育方面,2019 年运城市入选教育部公布的首批"国家智慧教育示范区"城市,在智慧教育领域起到了示范引领作用。运城市目前基本建成了智慧教育支撑环境体系,建起了市域教育城域网,市、县、校 3 级云平台互联互通,并接入国家数字教育资源公共服务体系。同时,运城市还基本建成了智慧教育深度应用体系,开通了名师在线直播课堂,开展了协同 OA 办公、AI 智慧课堂等项目实验。在智慧医疗方面,运城市搭建了居民健康服务平台和个人健康档案平台，建设了基层卫生综合管理系统，实现了基层医疗机构数据的汇总、存储、分析和管理。2020 年 7 月，运城经济开发区社区卫生服务中心正式投入运行了全省首家人工智能辅助诊疗中心。在工业互联网方面，运城市以大运汽车 5G+ 智慧工厂建设项目，推动制造业企业转型升级。

3. 创新基础设施

运城市在创新基础设施指数上得分较低，表 13 显示其排名第八，创新实力需要继续加强。在科教基础设施方面，运城市只有 2 所本科院校，研发实力较弱。在产业技术创新方面，2020 年运城市新增省级企业技术中心 6 家；与清控科创控股股份有限公司签约联合打造清控创新基地，截至 2020 年 7 月，已有 18 家企业、1 家高校研究院入驻基地；2020 年 9 月，河津津云科技企业孵化器和创新产业生态研究院落地运城市。

（三）长治市

长治市新型基础设施竞争力指数如图 36 所示。长治市是典型老工业城市和资源型城市，作为山西省域副中心城市之一，新型基础设施指数为 71.6，排名全省第三，处于第二梯队。

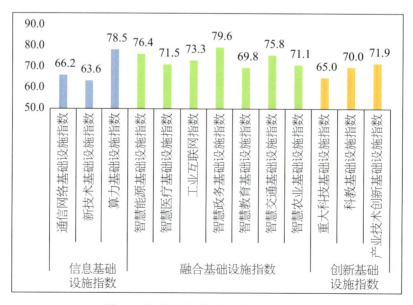

图 36　长治市新型基础设施竞争力指数

1. 信息基础设施

长治市信息基础设施指数在全省排名第四,其中算力基础设施方面表现突出,仅次于太原市与大同市。在通信网络方面,截至2020年8月,长治累计开通564个5G基站,实现了"一城四区"的连续覆盖。在算力基础设施方面,投资建设了太行数据湖项目,主要包括光磁融合存储能力1 000PB的数据湖以及配套的总部基地、孵化中心等,建设完成后将是晋东南地区最大的数据中心。在新技术方面,2020年11月,区块链公链基础设施项目(一期)完成项目评审。

2. 融合基础设施

从融合基础设施指数来看,排名位居山西省第三。其中,智慧政务、智慧能源及智慧交通占据优势。在智慧政务方面,长治市出台了《"智慧长治"建设推进计划》等实施方案,提出构建优质高效的"互联网+政务服务"体系,整合全市政务、民生等领域信息资源,搭建智慧平台。在智慧能源方面,作为山西重要的新型能源基地,长治市正在开展山西综合能源区块链项目建设,落地构建煤炭贸易+智慧能源服务+供应链金融+绿色零碳物流为一体的综合能源区块链平台,同时建设了黎城智慧能源物流港,进一步扩其张智慧能源优势。在智慧交通方面,长治市建设了"信号灯智能平台",并整合交通、公安、城管等部门交通资源,建立了全市统一的GPS车辆和重要人员监控系统。在工业互联网方面,长治市建设了中欧智能制造产教融合科技园,与高校及研究机构合作,为产教融合和工业科技创新提供平台支持。在智慧医疗方面,长治市建设完善了市、县、乡、村4级远程医疗服务网络,以保障远程医疗需要。同时,潞州区智慧医疗护理中心搭建了"互联网+延伸护理服务"体系。山西省药食同源大健康产品工程研究中心已落户长治。

3. 创新基础设施

长治市创新基础设施指数较高,排名全省第二,仅次于太原市,尤其在产业技术创新基础设施建设方面表现突出。在产业技术创新方面,长治市利用建设国家产业转型升级示范区的契机,出台了《山西长治产业转型升级示范区建设方案》,着力构建两大示范园区(长治高新技术开发区和长治经济技术开发区)、两大重点园区的"2+2"空间布局。2020年长治市投入建设了高新区太行数据湖文化产业园，推动光伏玻璃表面处理工程技术研究中心、山西省第三代半导体紫外光电工程研究中心等多个产业技术创新基础设施项目建设，并成立了中科潞安半导体技术研究院及山西省药茶产业技术研究院。这些创新基础设施为长治市技术创新提供了技术支撑和发展动力。

（四）晋中市

晋中市新型基础设施竞争力指数如图37所示。晋中市新型基础设施指数为67.9，整体水平居于全省第四，处于第三梯队。

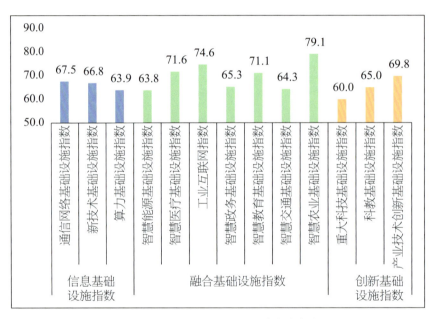

图37　晋中市新型基础设施竞争力指数

1. 信息基础设施

晋中市信息基础设施有较大的发展空间。在通信网络基础设施方面，晋中市提出，到2020年年底全市将建成1 200个5G站址。在新技术基础设施方面，晋中市落地了山西神云云计算机科技有限公司和灵石存山森蓝格尔云计算中心的云平台和云服务项目、左权县区块链与大数据融合中心建设项目，以及太原理工大学科学云计算中心等项目。

2. 融合基础设施

从融合基础设施指数来看，晋中市位居山西省第五，智慧农业占据优势，工业互联网、智慧医疗与智慧教育紧跟其后。

在智慧农业方面，晋中市大力建设农业物联网技术应用示范园区。作为国务院批准的首批2个国家农高区之一，晋中国家农高区（山西农谷）运用数字技术赋能农业种植，并设立山西农谷5G智慧园区等项目，引领了全省现代农业的发展。此外，太谷区建成了全国首创的智能化旱垣温室大棚园区，以助推农业农村现代化。在工业互联网方面，晋中市打造了晋中工业云平台，实施了"工业上云"工程。晋中市山西大华玻璃实业有限公司打造了智慧工厂，加快了企业数字化车间和工厂升级改造。在智慧医疗方面，晋中市大力建设市域全民健康服务信息化平台，推行全市健康医疗一卡通、电子健康档案和电子病历，搭建了市县乡村医疗云数据中心及市县一体全民健康信息平台。在智慧能源方面，阳煤寿阳新元煤矿联合中国移动、华为公司打造了全国首座5G智慧煤矿。智慧教育方面，航天信息股份和中国电信联合建设了山大附中晋中学校智慧校园项目。太谷县联合山西中成联众科技建设了太谷县智慧教育项目。

3. 创新基础设施

晋中市创新基础设施指数排名全省第四，产业技术创新基础设施指数的得分相对较高。在科教基础设施方面，晋中农高区落地了中国科学院智能农业机械装备工程实验室项目，山西农业大学落地了国家级有机旱作农业实验室。在产业技术创新基础设施方面，晋中市重点建设山西智创城4号基地，依托大学城智力资源和金科智慧科技城产教融合优势，逐步推进产学研合作，布局创新链。

（五）晋城市

晋城市新型基础设施竞争力指数如图38所示。晋城市是国家资源型经济转型综合配套改革示范区及国家智慧城市试点，新型基础设施指数为67.8，排名山西省第五，处于第三梯队。

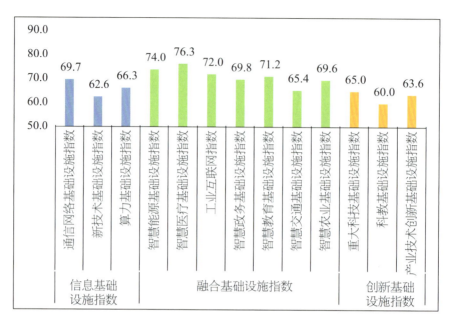

图 38　晋城市新型基础设施竞争力指数

1. 信息基础设施

晋城市信息基础设施指数排名全省第七。在通信网络方面，作为首批 5G 商用城市，晋城市着力打造中等智能城市全国样板，2020 年规划建设 5G 基站 438 个，目前已实现中心城区和主要景点 5G 网络连续覆盖。在算力基础设施方面，晋城出台了《促进大数据发展应用的若干意见》，初步建成了城市云平台和大数据中心。

2. 融合基础设施

晋城市融合基础设施表现较为突出，指数排名全省第四，其中智慧医疗与智慧能源占据优势，工业互联网和智慧教育紧跟其后。

在智慧医疗方面，晋城市积极推动互联网与医疗健康的深度融合，完善市级区域人口健康信息平台，实现了电子健康档案和电子病历数据与国家平台的互联互通。晋城市市内多家医院运用"互联网+医疗"模式，与省级、北京等大型医院开通了预约制远程医疗门诊。国内首家北斗卫星智能养老服务中心已落户晋城。晋城市还将整合全市医疗服务大数据资源，建设晋城市医疗大数据决策分析系统。在智慧能源方面，开发了晋城市智慧能源平台，开展了晋城高铁新区智慧能源体系的建设。同时以晋煤集团、兰花集团、阳泰集团、科兴集团、沁和能源集团等下属煤矿为试点，打造了 5G+ 智慧矿山。在工业互联网方面，晋城市联合富士康建设了晋城智造谷，全力在晋城打造"国家级 5G+ 智能制造 + 工业互联网"融合应用先导示范区。

3. 创新基础设施

晋城市的创新基础设施建设有待继续推进。在科教基础设施方面，晋城市推动晋城光机电产业研究院、山西大学晋城光电信息产业研究院的实质性运作，以及日本东京大学石川研究室晋城纳米光机电研发中心的落地。在产业技术创新基础设施方面，晋城市加快山西"智创城 5 号"的建设，同步建设晋钢智造科技产业园、北斗卫星综合产业示范园，以加快科技创新创业的发展。

（六）吕梁市

吕梁市新型基础设施竞争力指数如图 39 所示。吕梁市是综改试验区先行先试城市，新型基础设施指数为 67.7，排名全省第六，处于第三梯队。

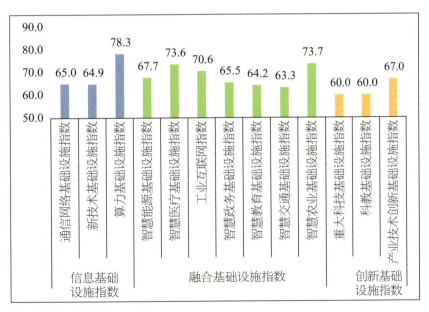

图 39 吕梁市新型基础设施竞争力指数

1. 信息基础设施

吕梁市信息基础设施指数排名全省第三，仅次于太原市和大同市，在 3 个二级指标中，算力基础设施指数表现较为突出。在算力基础设施方面，吕梁市大力发展大数据产业，打造了"数谷吕梁"。2017年以来连续召开三届"数谷吕梁·智赢未来"大数据产业发展推进会。组建了吕梁市大数据应用局，建成吕梁市大数据产业发展专家咨询委员会等"一委三院"的人才支撑体系和创新发展平台，落地"天河二号"云计算中心、华为山西（吕梁）大数据中心、交城中西部大数据中心、国家超级计算吕梁中心等一批标志性的大数据项目和大数据应用企业。在通信网络方面，2020年全市建设了1 346座5G宏基站，实现吕梁市城区及各县市区主城区和重点区域5G网络连续覆盖。吕梁1号微纳卫星成功发射，为卫星互联网信息技术产业的发展奠定了基础。

2. 融合基础设施

吕梁市融合基础设施指数在全省居于平均水平，其中智慧医疗和智慧农业发展较好，工业互联网紧跟其后。

在智慧医疗方面，吕梁市积极推进"互联网+健康医疗"，已经取得了建成吕梁市全民健康信息平台、全民健康大数据接入"吕梁通"APP、实行住院患者先诊疗后付费"一站式"结算、建成远程协同诊疗系统、建成5G+智慧医疗系统、县域综合医改信息化等6个方面的成效。吕梁智能大数据产业技术创新研究院的智慧眼科系统已实现了20余个病种、10余种病灶的人工智能识别，在2020年银川国际智慧城市博览会主论坛及成果评选活动中获得了特别贡献奖。在智慧农业方面，建设了吕梁（孝义）国家农业科技园区，并在汾阳建设了山西屯汇智慧农博城，构建了农产品上行一体化智慧供应链体系。吕梁市科学技术协会积极创新乡村e站管理模式，为农民搭建了实用数字服务平台。在工业互联网方面，吕梁市大力推动工业互联网发展，建成了汾阳拉货王大宗物流大数据服务应用平台、孝义信发智能车间、金晖智能工厂等。在智慧能源方面，吕梁绿色云计算中心智慧能源示范项目、孝能移动能源产业园项目均在建设中。吕临能化有限公司庞庞塔煤矿智能化矿山获得了全国第一张"5G井下专网"证照。中阳东岩煤矿智能化综采工作面等20户煤矿智慧矿山建设试点全面展开。在智慧政务方面，"吕梁通"城市综合服务平台荣获了中国信息化和软件服务业年度优秀产品奖，离石区入围了国家智慧城市试点。

3. 创新基础设施

吕梁市创新基础设施指数排名全省第七，仍有较大的发展空间。在产业技术创新基础设施方面，基于化工产业优势，吕梁市开展了一系列新能源、新材料产业技术创新项目建设，如镁合金技术中心、煤焦化技术中心、铝镁新材料中试基地等"双创体系"。同时，聘请了 121 名院士及专家，并落地了柳林能源与环境工作站等 7 个院士工作站。

（七）大同市

大同市新型基础设施竞争力指数如图 40 所示。大同市是山西省定位的 3 个省域副中心城市之一，新型基础设施竞争力指数为 67.6，处于第三梯队。

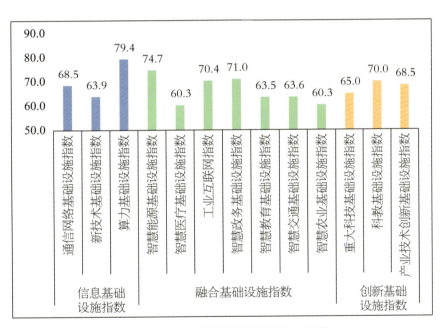

图 40　大同市新型基础设施竞争力指数

1. 信息基础设施

在通信网络方面，大同市加快部署建设 5G 基础网络，2020 年内计划建设 1 700 座 5G 基站，实现市中心城区 5G 网络连续覆盖。在算力基础设施方面，大同市表现较为突出，其大数据产业基础较好，目前已建成数据中心机架 7 169 个，可承载服务器近 10 万台。在建数据中心机架 8 000 个，可承载服务器 20 万台。

灵丘大数据应用基地、大同云中 e 谷大数据中心、阳高县中联绿色大数据产业基地、灵丘昌遂数字云谷科技园、秦淮数据环首都·太行山能源信息技术产业基地、普云大数据中心等重点项目相继落地大同。

2. 融合基础设施

大同市在融合基础设施方面发展不均衡。智慧能源、工业互联网、智慧政务 3 个指标得分都超过 70，其余指标均低于 65 分。在智慧能源方面，大同充分发挥能源革命综合改革试点作用，在煤炭行业积极围绕"5G +"建设智慧矿山，例如同煤塔山矿、同忻矿等。在工业互联网方面，大同市政府和同煤集团共同建设的国家首个煤炭行业工业互联网标识解析二级节点已上线运行，并与国家顶级节点实现了对接。该项目也是山西省首个工业互联网标识解析二级节点。在智慧政务方面，大同市实施了政务大厅智慧化升级项目，以推动线上政务服务全程电子化。在智慧农业方面，阳高县农村产业融合发展示范园入选了国家农村产业融合发展示范园，同时也是国家现代农业示范区，正逐步发力于智慧农业。云州区黄花种植合作社开展了"5G + 智慧农业"的项目研发，实现了作物全程产业链追溯，确保了产品品质，提升了大同黄花品牌竞争力。

3. 创新基础设施

大同市在创新基础设施方面具有一定积累。在产业技术创新基础设施方面，大同市建设了国际能源革命科技创新园、华为（大同）能源云 + 人工智能云创新发展中心、京东云"互联网 +"新经济合作项目、同煤双创中心等园区，以创新促发展。在科教基础设施方面，大同建立了中国科学院工程热物理研究所大同分所，为大同提供煤炭能源支持服务。山西大同大学和山西省桑干河杨树丰产林实验局共建的"石墨烯林业应用国家林业和草原局重点实验室"获批为国家级重点实验室。

（八）临汾市

临汾市新型基础设施竞争力指数如图 41 所示。临汾市是山西省三个省域副中心城市之一，有"黄河文明摇篮"之称。临汾市新型基础设施竞争力指数为 66.2，处于省内第三梯队。

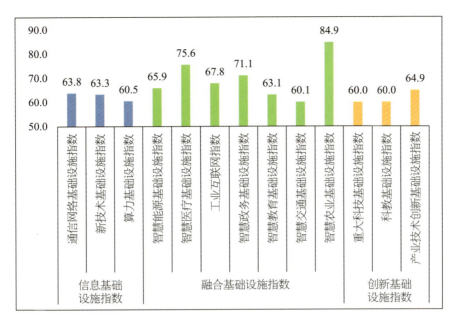

图 41　临汾市新型基础设施竞争力指数

1. 信息基础设施

临汾市在信息基础设施指数方面总体偏低。在通信网络基础设施方面，临汾市规划到 2020 年年底，市区基本实现 5G 网络连续覆盖。在新技术基础设施方面，临汾综合改革区引进了百度人工智能基础数据项目，建立从普通标注企业到专业标注企业的分级数据标注产业集群，打造了人工智能时代数据标注产业高地，形成了新业态。

2. 融合基础设施

临汾市实施新技术与传统产业融合的发展战略，在智慧医疗和智慧农业方面成效显著。在智慧交通方面，临汾市引入了福川未来交通科技产业园项目。在智慧农业方面，曲沃县作为国家现代农业示范区，实施了农业大数据平台及数字化种植示范基地建设项目，建设了以 5G 网络为基础，集大数据运用、物联网、智慧冷链仓储物流、互联网平台销售为一体的全产业链智慧农业。此外，洪洞县建设了紫番茄智慧设施农业项目，实现了智慧农业全生命周期管控。在智慧政务方面，临汾市积极推进智慧城市建设，浮山县的"数字浮山"项目为浮山县提供基于大数据的政务综合信息化解决方案。在智慧医疗方面，临汾市被确定为 DRG 付费国家试点城市，临汾市 2 家医院通过了电子病历信息化应用水平 4 级，多家医疗单位开通远程医疗会诊系统。

3. 创新基础设施

临汾市创新基础设施发展较为不足。在科教基础设施方面，临汾市有 5 所大学，其中本科 2 所，分别是山西师范大学和山西师范大学现代文理学院。从整体来看，科技创新研究实力较弱。在产业创新基础设施方面，临汾市推进了大地华基固废利用省级重点实验室的建设。临汾经济开发区与临汾市政府发展研究中心合作共建的发展区创新发展研究基地，为临汾开发区升级为国家级开发区构筑了智慧支撑平台。

（九）阳泉市

阳泉市新型基础设施竞争力指数如图 42 所示。阳泉市新型基础设施竞争力指数为 64.4，处于全省第四梯队。

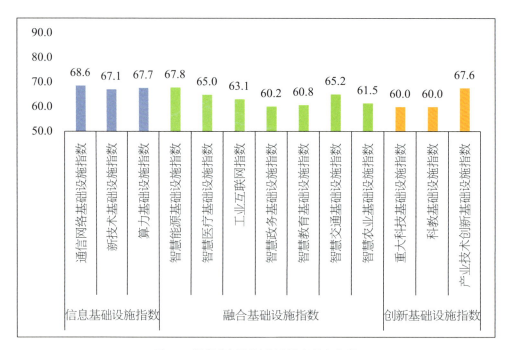

图 42　阳泉市新型基础设施竞争力指数

1. 信息基础设施

在通信网络方面,阳泉市印发了《阳泉市加快 5G 产业发展的实施意见和若干措施》,推动 5G 基础设施的布局。在新技术方面,阳泉市借助百度公司的数字技术优势,大力发展人工智能技术,"阿波罗(Apollo)"无人驾驶、AI CITY 中小城市样板、国内首个城市道路与高速公路无缝对接的开放路段标准化自动驾驶、车路协同测试场等多项合作相继在阳泉市铺开。在算力建设方面,阳泉市纵深推进与百度的合作,顺利完成了百度云计算(阳泉)中心二期项目,其中包括阳泉物联网大数据中心(云峰),以满足快速增长的云计算、云迁移市场需求。

2. 融合基础设施

阳泉市以大数据中心为基础资源,创新带动相关产业发展。在智慧交通方面,阳泉借助百度公司布局自动驾驶领域的机遇,大力推动智慧交通发展,开展了自动驾驶车路协同示范区项目和阳泉智能网联重载货运车路协同智慧公路项目的建设。在智慧能源方面,阳煤集团开通了国内首个井下 5G 基站。阳泉市与山西电力合作共建智慧能源数据中心,并开展了阳泉市充电站建设项目、西上庄煤矿智慧矿井建设项目,以推进煤、电等传统行业"平台+数据+运营+金融+能信+生态"一体化发展。在智慧医疗方面,阳泉实施了全民健康管理云平台项目、5G 智慧远程医疗信息系统项目,运用大数据技术,实现便民服务的精准化,用科技造福于民。在智慧农业方面,锦丰农业与山西清众合作共建了农业大数据平台。

3. 创新基础设施

在产业技术创新基础设施方面,阳泉市在全省率先成立了科技孵化器联盟和科技创新创业学院。三和园孵化器获批国家级科技企业孵化器。此外,阳泉还落户了陈清泉院士科创中心、中国信通院智能物联网研究中心、大数据与智能物联网应用基地体验中心、阳光电厂火力发电 5G 联合创新实验室等创新机构,增强了产业技术创新实力。

(十)忻州市

忻州市新型基础设施竞争力指数如图 43 所示。忻州市新型基础设施竞争力指数为 64，处于全省第四梯队。

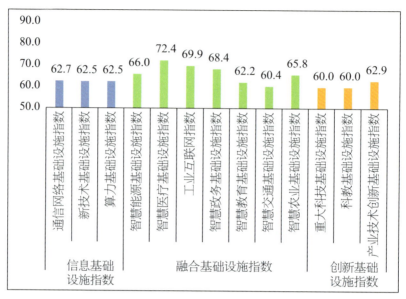

图 43　忻州市新型基础设施竞争力指数

1. 信息基础设施

在通信网络方面，忻州铁塔公司全面统筹 5G 建设需求，积极推进 5G 基础设施建设。忻州市 5G 基站建设规模达到 1 500 余个。在算力建设方面，忻州市与国内云计算、大数据领先厂商浪潮公司合作建立了忻州浪潮云计算大数据中心，推动了忻州企业上云和大数据产业的发展。

2. 融合基础设施

在智慧政务方面，忻州市在被列入数字城市地理空间框架建设推广城市后，实施了"数字忻州"建设项目，打造了地理信息公共平台。在智慧能源方面，忻州宁武煤矿打造了 5G 煤矿应用示范点。在工业互联网方面，忻州推动了企业上云和工业互联网标识解析节点项目建设，例如山西恒跃锻造有限公司开展的 5G+智能制造一体化项目。

3. 创新基础设施

在科教基础设施方面，忻州市成立了山西省农科院玉米研究所特色优势杂粮品种选育重点实验室。在产业技术创新基础设施方面，与企业共建了山西省绿色输送与智能仓储工程技术中心、山西恒跃锻造有限公司精密支撑座工程技术研究中心等多个创新机构。建设了京东智联云岢岚数字经济产业园，以推动双创发展。在半导体创新研发领域，推动了中科晶电信息材料有限公司的高品质大直径加长型砷化镓单晶生长工艺中试基地等多个企业技术中心的发展。

（十一）朔州市

朔州市新型基础设施竞争力指数如图 44 所示。朔州市新型基础设施竞争力指数为 63.4，处于全省第四梯队，排名最后。

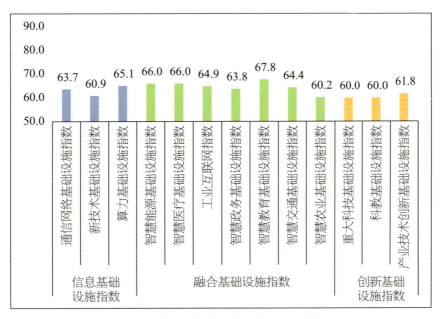

图 44　朔州市新型基础设施竞争力指数

1. 信息基础设施

朔州市在信息基础设施领域相对落后。在 5G 基础设施方面，部署完成了市区重要场域、街道的 5G 组网建设，建成了 5G 基站 160 个。朔州市引入了北方北斗卫星导航应用产品生产研发及大数据中心项目，以发展卫星互联网及大数据产业。

2. 融合基础设施

朔州市在融合基础设施领域得分普遍偏低，由于朔州市产业发展基础薄弱，经济发展水平较低，因此在产业与数字技术融合方面着力点较少。在智慧能源方面，同煤浙能麻家梁煤矿正在着力布局智能化矿山建设。在智慧教育方面，朔州市朔城区与科大讯飞公司签约，打造了人工智能+智慧教育服务体系，以推进人工智能技术与教育教学的全面深度融合。

3. 创新基础设施

在产业技术创新方面，国网朔州供电公司与中国移动朔州分公司合作共建了"5G联合创新实验室"。朔州与中美新能源技术研发（山西）有限公司合作成立了洁净煤技术工程研究中心。

四、发展建议与策略

（一）抓住机遇，统筹规划山西新基建发展

当前，我国新基建正处于发展建设阶段，全国各地都纷纷出台新基建相关实施意见、行动计划等政策文件，抓紧布局。山西省省委省政府高度重视新基建，2020年6月17日，山西省成立了山西省新型基础设施建设领导小组，抢抓机遇统筹推进新型基础设施建设。同时成立了《山西省"十四五"新基建规划》编制领导小组，高位推动新基建重大政策出台。2021年5月，《山西省"十四五"新基建规划》正式发布。后续，在《山西省"十四五"新基建规划》的落实过程中，将依据新基建顶层设计和实施计划，逐步出台配套新基建规划的各类相关辅助政策，例如投资激励计划、科技创新支持政策等相关政策，让规划落地实施。同时，针对新基建项目所需土地空间、基站选址、电力配套等相关保障，已纳入相关专项规划中，以满足新基建项目实施需要。

（二）因地制宜，科学制定区域发展策略

从评价结果分析来看，山西省各地市在新基建领域发展很不均衡，因此各地市新基建要顺应当地产业发展基础和基础设施发展水平，因地制宜地制定发展目标和策略。在发展基础条件好的产业领域，适时引导产业向数字化、智能化方向

发展；在传统能源领域，引导并支持地方发展智慧能源基础设施建设。

（三）要素支撑，加大投入以确保项目及时落地

新基建是一项系统工程，需要在一定程度上强化各类生产要素的投入和支撑。在资本要素方面，尽管新基建项目不像传统基建项目需要巨大的前期资金投入，但从国内部分省市公布的基建项目情况来看，新基建项目投入在其中也占据了不小比例，一次需要政府和新基建参与企业进一步拓宽资金渠道，确保新基建项目的顺利实施。在技术要素方面，新基建在信息、融合、创新方面都需要各类信息技术的投入，只有不断地投入技术要素，才有新基建的不断发展。在人才要素方面，创新型人才在新基建发展中也是不可或缺的一部分，人才要素的投入会不断驱动创新发展。在数据要素方面，山西省在数据中心建设方面已经走在了全国前列，但在企业"上云用数赋智"方面做得还远远不够。数据中心的客户大多为省外互联网企业，因此，政府应积极探索数据要素的交换共享，鼓励本地企业打通数据壁垒，实现数据共享，将数据中心的基础设施价值充分发挥出来。

（四）补强基础，营造创新生态

当前，山西省高度重视创新基础设施建设，大力推进了大科学装置、国家重点实验室、研究中心和产业创新基地等创新基础设施的建设，并取得了一定成效。但从国内整体角度来看，山西省创新基础设施相较于国内发达地区，仍然存在较大差距，例如目前没有国家级重大科技基础设施落地，同时国家级重点实验室、国家级工程（技术）研究中心个数还较少。创新基础设施发展省内也不均衡，绝大多数集中在太原市。因此在"十四五"期间，针对创新基础设施，一方面，山西省应加大相应投入力度，可以以设置新基建专项基金或者配套基金的形式，加大对重大科技基础设施建设的支持力度；另一方面，优化创新基础设施布局，因地制宜引入落地一批创新基础设施建设项目，鼓励企业建立产业创新基础设施。同时要坚持严格项目遴选机制，有规划、有步骤地推动创新基础设施项目落地，避免重复建设和资源浪费。

第五篇

中国城市算力服务网发展指数报告（2021）

前 言

  数字经济是继农业经济、工业经济之后的一种新的经济形态。数字经济正在成为推动经济发展质量提升、效率变革、动力升级的重要驱动力，也是全球新一轮产业竞争的制高点和促进实体经济振兴、加快转型升级的新动能。《国民经济和社会发展第十四个五年规划和2035年远景目标纲要》（下简称"十四五"规划）规划提出，要促进平台经济和共享经济健康发展，推进数字产业化和产业数字化，推动数字经济和实体经济深度融合，这为发展数字经济指明了方向。新冠肺炎疫情持续肆虐全球，社会经济艰难复苏，也对我国加快建设数字经济、数字社会、数字政府，以及以数字化转型整体驱动生产方式、生活方式和治理方式变革提出更为迫切的要求。

  在数字经济时代，数据已成为新生产要素，算力也上升为新生产力。发展数字经济，必须加快建设和完善信息基础设施，尤其是以数据中心为代表的算力基础设施，为全社会提供安全合规的计算服务以及数据处理和流通服务，以彰显数据在匹配供需、交叉印证、洞察规律、防控风险、降本增效等方面的核心价值。根据浪潮和IDC联合发布的《2020全球计算力指数评估报告》，一国的算力指数每提高1个百分点，数字经济和GDP将分别增长3.3‰和1.8‰。所以，建设存储多元、算力开放、算法多样的存算网一体化基础设施，已经成为城市、区域、国家的核心竞争力。

为加快统筹和推动我国算力基础设施建设，促进数据要素流通与应用，实现绿色高质量发展，国家发展改革委、中央网信办、工业和信息化部、国家能源局于 2021 年 5 月联合发布了《全国一体化大数据中心协同创新体系算力枢纽实施方案》（以下简称《算力枢纽实施方案》），明确提出布局建设 8 个全国一体化算力网络国家枢纽节点。作为国家"东数西算"工程的战略支点，这为我国布局算力基础设施绘画了蓝图。《算力枢纽实施方案》指出：对于用户规模较大、应用需求强烈的节点，重点统筹好城市内部和周边区域的数据中心布局；对于可再生能源丰富、气候适宜、数据中心绿色发展潜力较大的节点，积极承接全国范围的非实时算力需求，打造面向全国的非实时性算力保障基地；对于国家枢纽节点以外的地区，重点推动面向本地区业务需求的数据中心建设，打造具有地方特色、服务本地、规模适度的算力服务。

在《算力枢纽实施方案》顶层框架的指引下，清华大学互联网产业研究院联合北京易华录信息技术股份有限公司，分析了国家和各城市发展数字经济的政策措施，同时还分析了全国具有代表性的数字经济发展研究报告，然后调研和整理了各区域、城市具有典型特征的关键数据，并结合各区域、城市建设数字经济基础设施、发展地方数字经济的典型实践，从经济学的需求和供给角度，构建了指标模型，针对城市算力供需匹配程度展开了深入研究。每个城市的算力服务来自该城市自有的、周边城市群的或者远程可获取的算力供给。本报告当前版本只着眼于城市自己及周边城市群的算力供需，随着国家数据中心布局和"东数西算"战略的实施，未来会进一步纳入更大范围的算力供需关系。

研究报告提出了中国城市算力服务网发展指数模型，并在京津冀、长三角、粤港澳大湾区、成渝、中西部地区选取样本城市，从城市规模与产业发展、数字经济发展、存储与计算能力、通信能力等方面对这些城市的算力供需情况进行了综合测评。

该指数模型定量分析了城市发展数字经济所需算力与城市自身及周边算力基础设施的匹配程度，旨在为政府主管部门规划和制定算力基础设施发展政策提供重要参考，为大数据相关运营服务商制定业务发展战略、开展建设运营服务提供参考依据，为区域企业数字化转型提供必要支持。

由于算力网络仍是当前的研究前沿，所以课题组在研究过程中，难免存在观点偏颇、数据采集疏漏之处，敬请各界批评指正。

一、我国算力网络发展现状

（一）算力与算力网络概念

1. 算力

起初，算力是用来描述 CPU 的浮点运算能力，以 FLOPS（Floating-point Operations Per Second，每秒浮点运算次数）为度量单位。随着算力需求和技术的发展，FLOPS 已经难以全面描述数据中心的服务能力。

现在，算力已涵盖处理数据的综合能力，包括：数据总量、数据存储能力、数据计算速度、数据计算方法、数据通信能力等，即扩展为涵盖数据收集、存储、计算、分析和传输的综合能力。当前的算力度量，依不同场景，会关注运算精度（双精度、单精度、半精度及整型算力）以及适于人工智能算法的计算能力。

目前，算力尚没有类似电力"千瓦/时"的统一且单一的计量单位。未来，会研究确定关于算力的计量标准集，为算力服务提供统一的度量单位。

2. 算力网络

算力网络概念源自电信领域。中国电信研究院认为，算力网络是一种通过网络分发服务节点的算力、存储、算法等资源信息；中国移动和华为等机构提出了计算优先网络（Computing First Network，CFN）；中国联通指出算力网络应具备联网、云网与算网 3 个方面的技术元素；中国移动认为，算力网络是以算为中心、网为根基，网、云、数、智、安、边、端、链等深度融合、提供一体化服务的新型基础设施。可见，算力网络的共性是针对特定领域应用场景，设计算力网络的架构、组成元素等，即在理想的算力网络中，由云服务商、电信运营商等提供的大规模云计算资源、边缘计算中心提供的低时延计算资源等，通过算力供需调度与运营管理系统（或称"算力大脑"），实现具有针对性的、精准匹配的存算网一体化算力服务。

随着城市、区域数字经济的规模化发展，对算力服务在计算速度、计算精度、计算规模、响应时延、算法覆盖等方面提出了更高要求。"云网一体""算网一体""云边端一体化"等算力服务解决方案在实践中不断涌现。算力资源必将以基础设施的形态出现，提供资源抽象、业务保证、统一管控和弹性调度能力。

3. 城市算力服务网

各城市为有序规划、快速引导地方数字经济发展，在研究制定城市算力基础设施建设规划时，既要符合国家和本地区的发展战略，也要适应本地区的算力存量、产业需求和数字经济发展趋势。研究城市或区域如何将算力供给有效匹配给算力需求，这就涉及本报告提出的城市算力服务网发展指数。

本报告当前版本研究范围只聚焦于城市自有及周边的、服务于常规生产和生活的算力资源情况，暂不包括国家专项大数据计算中心，如超算中心等。随着国家数据中心布局和"东数西算"战略的实施，后续研究将考虑纳入远程算力及其虚拟化服务。

城市算力服务网与算力网络的概念不同，算力网络是技术定义，只提供技术框架。而本文提及的城市算力服务网属于经济学范畴，是从供需匹配角度描述一个城市所需及可获得的算力服务能力，是算力网络在城市数字经济运行成效的外在表现。

本报告在城市算力服务网概念的基础上，进一步给出了城市算力服务网发展指数指标体系（包含表达产业需求和数字经济发展趋势的指标）及指数公式。对选取的样本进行了量化分析，以便为地方政府规划数字经济基础设施建设提供重要参考，为大数据相关运营服务商制定业务发展战略和开展建设运营业务提供参考依据，为企业数字化转型提供必要支持。

（二）算力与算力网络发展现状

1. 数字经济发展对算力和算力网络提出了更高需求

信息化和互联网的高速发展将我国带进了数据大国行列。到 2025 年，我国数据圈预计将以 48.6ZB 的数据量成为全球最大数据圈。激活数据价值，实现数据赋能产业经济、数据赋能社会治理、数据赋能公共服务、数据赋能生态建设是发展数字经济的根本任务。数据的价值在于持续增值和广泛流通。随着数据生产要素化的深入推进，在数字政府迭代升级、企业数字化转型、产业链拉通和业务平台模式创新、数据价值化等实践的强力驱动下，政府、企业、个人对算力和算力网络将提出更高需求。

2. 主要经济体间的算力竞争加剧

在全球竞争格局中，算力网络已成为核心竞争力之一。算力的竞争主要体现在计算力和互联网数据中心（Internet Data Center，IDC）市场占有率上。在算力方面，美国名列第一，中国位列第二，随后是日本、德国、英国；在 IDC 产业方面，美国占据了近 40% 的市场份额，其中，2020 年，一半以上的新建数据中心是由亚马逊和谷歌完成的，其次是微软和甲骨文。全球领先的云服务提供商是亚马逊、微软、谷歌和 IBM。我国应加速算力基础设施建设，为我国数字经济发展奠定坚实基础。

3. 我国发展算力的政策导向

中国社会经济发展已经迈入新时代，党和政府确立了创新、协调、绿色、开放、共享的新发展理念，它既符合我国国情，又顺应时代要求，对破解发展难题、增强发展动力、厚植发展优势具有重大指导意义。2020 年 3 月，中共中央政治局常务委员会召开会议提出，加快 5G 网络、数据中心等新型基础设施建设进度。

在网络建设方面，《中华人民共和国国民经济和社会发展第十四个五年规划和 2035 年远景目标纲要》提出："加快 5G 网络规模化部署，用户普及率提高到 56%，推广升级千兆光纤网络。前瞻布局 6G 网络技术储备。扩容骨干网互联节点，新设一批国际通信出入口，全面推进互联网协议第六版（IPv6）商用部署。

实施中西部地区中小城市基础网络完善工程。"工信部相继印发了《关于推动 5G 加快发展的通知》《"双千兆"网络协同发展行动计划（2021—2023 年）》《5G 应用"扬帆"行动计划（2021—2023 年）》等政策文件，为我国网络建设提供了有力政策支撑，持续推进了我国 5G 和千兆光网建设，以促进数字经济高质量发展。

在大数据中心方面，《中华人民共和国国民经济和社会发展第十四个五年规划和 2035 年远景目标纲要》提出：要加快构建全国一体化大数据中心体系，强化算力统筹智能调度，建设若干国家枢纽节点和大数据中心集群，建设 E 级和 10E 级超级计算中心。因此，从 2020 年年底开始，我国陆续发布了《智能计算中心规划建设指南》《关于加快构建全国一体化大数据中心协同创新体系的指导意见》《全国一体化大数据中心协同创新体系算力枢纽实施方案》《新型数据中心发展三年行动计划（2021—2023 年）》等一系列政策文件，明确了建设一体化大数据中心体系、优化数据中心基础设施建设布局、建设算力网络国家枢纽的大方向，为我国发展数据中心集群、提升算力服务水平，提供了重要支持。

在云计算方面，我国发布了《云计算发展三年行动计划（2017—2019 年）》《新一代人工智能发展规划》《推动企业上云实施指南（2018—2020）》《关于推进"上云用数赋智"行动，培育新经济发展实施方案》等政策文件，以推动云计算、人工智能等数字技术应用和继承创新。

4. 我国算力产业的发展机遇

我国算力产业重点聚焦在数据中心、云计算和网络基础设施建设上。截至 2019 年年底，我国在用数据中心机架总规模达到 314.5 万架，与 2018 年底相比增长了 39%。超大型数据中心机架规模约 117.9 万架，大型数据中心机架规模约 119.4 万架，与 2018 年年底相比，大型、超大型数据中心的规模增速为 41.7%。在云服务领域，我国的云计算产业规模近年来保持着超过 30% 的年均增长率，是全球增速最快的市场之一，且混合云已成为产业新的支撑点。在网络基础设施方面，我国拥有全球最大规模的通信网络和 5G 网络。

"十四五"规划明确了科技创新驱动社会经济高质量发展的总体方向，《算力枢纽实施方案》正在逐步落实。随着各地数字经济的加速发展，我国算力产业将迎来加速发展期。

5. 我国算力网络的发展

至今为止，我国对算力网络的愿景已在业界得到广泛的认可，算力网络在标准制定、生态建设、试验验证等领域均取得了一定进展。

（1）标准制定

国内通信三大运营商中国移动、中国电信与中国联通分别在 ITU-T（International Telecommunication Union-T，国际电信联盟电信标准分局）立项了 Y.CPN、Y.CAN 和 Q.CPN 等系列标准，在 IETF（Internet Engineering Task Force，互联网工程任务组）方面开展了计算优先网络架构（Computing First Network Framework）等系列研究。其中，由中国电信研究院牵头的算力网络框架与架构标准（Y.2501）已于 2021 年 7 月发布，成为首项获得国际标准化组织通过的算力网络标准，也是算力网络从国内走向国际的重要一步，在算力网络发展中具有里程碑式的意义。

华为联合国内运营商在欧洲电信标准化协会和宽带论坛（BBF）也启动了包括 NWI、城域算网在内的多个项目；中国通信标准化协会的"算力网络需求与架构"以及"算力感知网络关键技术研究"两项研究也在有序开展；面向未来 6G 时代，算力网络已经成为国内 IMT-2030 6G 网络组的研究课题之一，正在开展算力网络与 6G 通信技术的融合研究。

（2）生态建设

国内未来数据通信研究的主要组织——网络 5.0 产业联盟，专门成立了"算力网络特设工作组"；移动边缘计算领域的多个开源组织也发起了 KubeEdge、Edge-Gallery 等开源项目；2019 年年底，中国联通、中国移动和边缘计算网络产业联盟（ECNI）均发布了算力网络领域相关白皮书，进一步阐述了算网融合的重要观点。

（3）试验验证

2019年中国电信与中国移动均已完成算力网络领域的实验室原型验证，并在全球移动通信系统协会巴塞罗那展会、ITU-T和全球网络技术大会等相关展会上发布了成果。

中国联通也在推进算力网络平台的自主研发，并积极推进现网试点工作。2021年9月，中国联通CUBE-Net 3.0大湾区示范基地启动，中国联通研究院算力网络攻关团队正式对外发布了大湾区算力网络行动计划和1+N+X技术理念："基于SRv6的算网能力底座，实现一网联多云，一键网调云"，已初步实现了联通研究院的自研算力网络服务编排系统和广东联通智能城域网的现网对接。中国联通与华为公司算力网络联合创新实验室广东示范基地也同时成立，致力于技术创新成果实验和成果孵化，整合上下游产业资源，打通了从技术研发、测试验证到产品规划、商业应用的全流程。

二、中国城市算力服务网发展指数

（一）指标体系

1. 设计原则

在编制本指标体系过程中，遵循了以下构建原则。

（1）客观性原则

指标体系应基于算力、算力网络、城市算力服务网概念内涵的综合概括，构建的每一级指标均应客观反映城市算力服务网发展程度。

（2）系统性原则

指标体系从城市算力需求侧和供给侧出发，较为系统地体现出与城市算力相关的各类要素并进行统一整合。

（3）可行性原则

在体系方面，尽可能采取现有的、较为普遍理解和熟悉的度量指标、方法和技术，简洁明了，易于测度和测量；在数据方面，尽量采用已有的、直观的和具体的数据。

2. 指标体系介绍

为了全面评估我国城市的算力发展状况和算力网络供需匹配情况，需要获得体现城市算力需求和城市算力供给两个方面的统计数据。课题组通过与IDC服务商、网络运营商、云计算服务商、国家电网、南方电网等与算力相关的代表性企业进行交流，发现现阶段还很难获取能够直接体现城市算力的数据，比如一个城市的存储类数据中心机架数、人工智能算力型数据中心机架数、各类数据的带宽使用量等。因此，课题组在建立中国城市算力服务网发展指数指标体系时，尽量采用算力相关指标，并引入经济学指标，以求较为客观地表达城市算力服务网的能力。

本指标体系如表14所示，设置了算力需求度和算力供给度2个一级指标，其下又设置了4个二级指标和12个三级指标。

表14 中国城市算力服务网发展指数指标体系

一级指标	二级指标	三级指标
算力需求度	城市规模与产业发展	城市GDP总量
		城市常住人口数量
		第三产业增加值
	数字经济发展	数字经济测算总量
		数字经济发展相关推动政策数量
		新技术基础设施领域申请发明专利数量
算力供给度	存储与计算能力	已落地数据中心数量
		大型、超大型数据中心设计机架数量
	通信能力	大型、超大型数据中心接入国家骨干网的数据中心数量
		大型、超大型数据中心接入省级骨干网的数据中心数量
		5G基站数量
		是否拥有国家互联网骨干节点

3. 指标划分依据与解释

本体系的一级指标划分从城市算力的供需角度进行。"需求度"体现的是数字经济快速发展对算力的要求，"供给度"体现的是当前算力的发展水平。城市算力需求度一级指标下设置了城市规模与产业发展和数字经济发展 2 个二级指标，这样设置的原因是，城市对算力的需求体现在城市本身经济产业发展水平和数字经济的发展水平。城市算力供给度一级指标下设置了计算与存储能力和通信能力两个二级指标，这样设置的原因是从广义的算力概念出发，城市的算力供给离不开城市的计算能力、存储能力和网络通信能力。表 15 为指标划分依据与解释。

表 15　指标体系解释表

一级指标	二级指标	三级指标	政策依据	指标解释
算力需求度	城市规模与产业发展	城市 GDP 总量		是衡量城市经济和社会发展水平的指标，与产业发展相关性极大
		城市常住人口数量		是城市经济和社会发展的重要指标，与消费互联网算力需求正相关
		第三产业增加值		第三产业的金融产业和信息技术产业对算力需求较高，且第三产业发展水平是衡量现代经济发展程度的重要指标，产业结构的变化深刻影响着城市未来经济转型与发展
	数字经济发展	数字经济测算总量	《数字经济及其核心产业统计分类（2021）》《国家信息化发展战略纲要》	数字经济发展对算力产生巨大需求
		数字经济发展相关推动政策数量		政策导向是地方发展数字经济的重要推动力
		新技术基础设施领域申请发明专利数量		新技术基础设施领域的发明专利是地方发展数字经济的重要推动力

续表

一级指标	二级指标	三级指标	政策依据	指标解释
算力供给度	存储与计算能力	已落地数据中心数量	《全国一体化大数据中心协同创新体系算力枢纽实施方案》《关于加快构建全国一体化大数据中心协同创新体系的指导意见》《智能计算中心规划建设指南》	数据中心是重要的算力物理承载
		大型、超大型数据中心设计机架数量		
	通信能力	大型、超大型数据中心接入国家骨干网的数据中心数量	《关于设立新增国家级互联网骨干直联点的指导意见》《关于推动5G加快发展的通知》《新型数据中心发展三年行动计划（2021—2023年）》	国家级互联网骨干直联点和省级骨干网将极大提升网络连接的速度与质量，并提升数据中心网络通行能力
		大型、超大型数据中心接入省级骨干网的数据中心数量		
		5G基站数量		5G网络提升了网络带宽，降低了网络时延，为算力应用场景提供了网络保障
		是否拥有国家互联网骨干节点		有国家互联网骨干节点，能极大提升网络连接的速度与质量

（二）样本来源、数据来源与计算方法

1. 样本来源

本报告参照了《全国一体化大数据中心协同创新体系算力枢纽实施方案》的国家枢纽节点布局，从"京津冀、长三角、粤港澳大湾区、成渝"等"用户规模较大、应用需求强烈"的枢纽节点，和"贵州、内蒙古、甘肃、宁夏"等"可再生能源丰富、气候适宜、数据中心绿色发展潜力较大"的中西部地区枢纽节点，选取样本城市。

考虑到发达地区城市间的产业结构相似度、中西部地区数据中心建设用途以及指标数据获取的难易程度，最终在枢纽节点中选择了22个样本城市，分别为：

（1）京津冀地区的北京市、天津市、张家口市、廊坊市。

（2）长三角地区的上海市、南京市、杭州市、合肥市、苏州市、无锡市、南通市、淮南市。

（3）粤港澳大湾区的广州市、深圳市、珠海市。

（4）成渝地区的成都市、重庆市。

（5）中西部地区的贵阳市、呼和浩特市、乌兰察布市、兰州市、银川市。

后续研究将持续拓展和深入，针对更多的枢纽节点和其他重点城市进行分析。

2. 数据来源介绍

本研究的指标数据选取遵循了合理性、科学性和权威性的基本原则。数据的主要来源包括：

（1）国家官方统计数据，例如来自国家年度统计公报的数据等。

（2）国家政府职能部门发布的政策文件、统计数据和报告，例如发改委、工信部等相关部委及下属机构公布的各类政策文件、通知、数据、报告、统计年鉴等。

（3）各省、各城市政府部门公布的政策文件、年度统计公报、年度数据和新闻发布会数据。

（4）具有较高公信力的，在某些专业领域具有权威的社会机构发布的研究报告、白皮书等。

3. 计算方法介绍

在数据处理方面，分别对数值型指标和二值型指标进行了处理。

对于数值型指标，进行均值法处理。记各指标的原始值为 X_{ij}（i 为指标对象，j 为指标编号），处理后的值记为 Y_{ij}，j 指标的计算基值为 $\overline{X}_j$，计算公式为

$$Y_{ij} = \frac{X_{ij}}{\overline{X}_j} \times 50 \tag{1}$$

其中，计算基值 $\overline{X}_j$ 的计算参考了"用户规模较大、应用需求强烈"的全国算力网络国家枢纽节点城市相关数据。

对于二值型指标，如果 $X_{ij}=1$，表示"有"，则 $Y_{ij}=50$；如果 $X_{ij}=0$，表示"没有"，则 $Y_{ij}=0$。

$$Y_{ij}=\begin{cases}50, & X_{ij}=1\\ 0, & X_{ij}=0\end{cases} \quad (2)$$

在权重计算方面，本研究采用层次分析法（AHP），形成各具体指标对上一级指标的组合权重。然后根据各级指标的权重加权得到一级指标得分，即算力供给度得分和算力需求度得分：

$$Z_i=\sum_{j=1}^{n}Y_{ij}\times m_j \quad (3)$$

其中，Z_i 为指标对象的一级指标得分；m_j 为指标对象的权重；n 为评价指标个数。

最后，中国城市算力服务网发展指数根据式（4）计算：

$$城市算力服务网发展指数=\frac{Z_i(供给)}{Z_i(需求)}\times \alpha \quad (4)$$

其中，Z_i（供给）为指标对象的算力供给度得分；Z_i（需求）为指标对象的算力需求度得分；α 为平衡整体算力的供给和需求的系数，是由整体样本供需平衡值计算确定。

城市算力服务网发展指数得分在 1.05 以上，认为城市自身算力供应充足，并且得分越高供给越充足；得分在 0.95～1.05 之间，认为城市自身算力供需平衡；得分在 0.95 以下，认为城市自身算力供应不足，即算力供给小于需求，并且数值越小表明算力供给越紧缺。

三、中国城市算力服务网发展评价

（一）整体发展情况

本报告对选取的 22 个样本城市进行了城市算力服务网发展指数测评，表 16 为城市算力服务网指数得分结果（按照算力供给度得分由高到低排名）。

表 16 城市算力服务网指数表

■ 供给＞需求　■ 供给~需求　■ 供给＜需求

序号	城市	算力供给度得分	算力需求度得分	算力供给度排名	算力需求度排名	城市算力服务网发展指数得分
1	北京市	69.44	70.30	1	1	0.867
2	上海市	59.83	59.05	2	2	0.889
3	广州市	47.42	37.87	3	4	1.099
4	深圳市	38.33	49.65	4	3	0.678
5	重庆市	29.27	28.18	5	6	0.912
6	成都市	26.45	25.61	6	7	0.907
7	贵阳市	25.55	6.49	7	14	3.454
8	杭州市	22.42	29.62	8	5	0.665
9	廊坊市	22.40	4.05	9	17	4.853
10	南京市	21.70	24.60	10	9	0.775
11	天津市	20.86	18.62	11	10	0.983
12	呼和浩特市	20.78	3.37	12	18	5.412
13	苏州市	19.56	24.74	13	8	0.694
14	无锡市	17.34	15.43	14	11	0.987
15	张家口市	14.08	2.43	15	20	5.089
16	合肥市	12.82	14.59	16	12	0.771
17	南通市	11.28	11.66	17	13	0.850
18	兰州市	10.32	4.61	18	16	1.966
19	珠海市	4.36	5.36	19	15	0.713
20	乌兰察布市	3.77	0.81	20	22	4.086
21	银川市	3.29	3.01	21	19	0.961
22	淮南市	2.59	2.31	22	21	0.981

图 45 列出了 22 个样本城市在算力需求度和算力供给度情况。

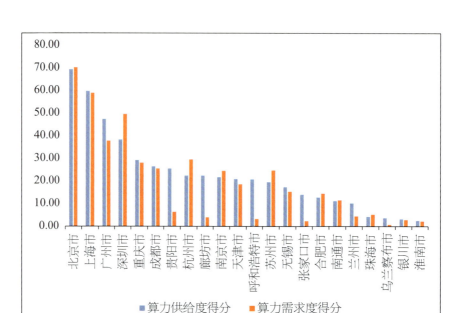

图 45　城市算力需求度和供给度

从表 16 和图 45 可以看出：

（1）从城市算力服务网发展指数得分来看，有 7 个城市自身算力供应充足，分别是广州市、贵阳市、廊坊市、兰州市、呼和浩特市、张家口市和乌兰察布市，其中只有广州市属于经济发达地区；有 4 个城市自身算力供需平衡，分别是天津市、无锡市、银川市和淮南市；其余 11 个城市自身算力供应不足。

（2）在算力需求度方面，北京市、上海市、深圳市、广州市作为城市经济发展龙头，位居算力需求前 4，整体上算力需求度得分在样本中的相对位置与当地数字经济发展规模相近。

（3）在算力供给度方面，北京市和上海市名列前茅，但与算力需求相比还稍显不足；广州市的算力供给相对充足；成渝地区的算力供给略有不足；深圳市算力网的需求缺口较大；中西部地区城市中，贵阳市、廊坊市、呼和浩特市等算力供给均较为充足。

在京津冀地区，北京为算力需求的核心，周边样本城市为其提供算力，填补了北京的算力缺口；在长三角地区，除无锡市、淮南市外，其余样本城市均为算力需求大于供给城市，凸显了长三角地区算力供给较为紧张的态势；在粤港澳大湾区中，广州市算力稍有富余，深圳市和珠海市的算力需求仍得不到满足；成渝地区从总体上看是算力紧缺地区，但其地理位置距贵阳、兰州等算力资源供给较为丰富的地区较近。

为了验证样本城市需求度排名的合理性，课题组选取了2021年9月赛迪顾问发布的《2021数字经济城市发展百强榜》的报告数据进行了对比，结果如表17所示。

表17 样本城市算力需求度排名比较

序号	样本城市	算力需求度排名	赛迪2021数字经济城市发展百强榜排名
1	北京市	1	1
2	上海市	2	2
3	深圳市	3	3
4	广州市	4	4
5	杭州市	5	5
6	重庆市	6	10
7	成都市	7	6
8	苏州市	8	9
9	南京市	9	7
10	天津市	10	8
11	无锡市	11	19
12	合肥市	12	14
13	南通市	13	34
14	贵阳市	14	23
15	珠海市	15	42
16	兰州市	16	44
17	廊坊市	17	63
18	呼和浩特市	18	45
19	银川市	19	59
20	张家口市	20	未入百强榜
21	淮南市	21	未入百强榜
22	乌兰察布市	22	未入百强榜

从整体上看，样本城市在算力需求度排名的相对顺序与赛迪《2021 数字经济城市发展百强榜》排名的相对顺序基本一致。例如，重庆市在算力需求度排名相对靠前，但在百强榜上相对靠后，原因在于重庆市作为直辖市，常住人口为 3 205.42 万人，人口和 GDP 总量的排名在样本城市比较靠前，所以其"城市规模与产业发展"指标得分较高，提升了重庆市在算力需求度排名位次。

（二）区域发展评价

1. 京津冀

京津冀地区城市算力服务网发展指数如表 18 和图 46 所示。从整体上看，京津冀地区的算力发展呈现以北京市为核心，其余城市作为配套的态势，这是因为北京市算力需求十分旺盛，但供给不足；天津市的算力供需平衡，算力基础设施建设基本满足自身需求；廊坊市和张家口市的算力供给较充足，需求相对较低，其算力基础设施建设以满足北京的外溢需求为主。

表 18　京津冀地区城市算力服务网发展指数

城市	算力供给度	算力供给度排名	算力需求度	算力需求度排名	城市算力服务网发展指数得分
北京市	69.44	1	70.30	1	0.867
天津市	20.86	11	18.62	10	0.983
廊坊市	22.40	9	4.05	17	4.853
张家口市	14.08	15	2.43	20	5.089

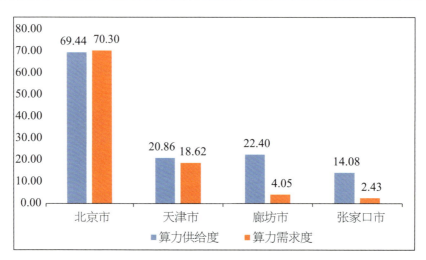

图 46　京津冀地区城市算力需求度和算力供给度得分

北京市是全国一体化算力网络国家枢纽节点京津冀地区的核心城市，算力供给和算力需求水平均处于全国最高位置，城市算力服务网发展指数得分为0.867，算力供给稍弱于需求，未来随着北京市建设全球数字经济标杆城市的加速，北京市的算力需求将持续扩大，但受限于供给能力提升缓慢的影响，城市内部供不应求的情况还会加剧。在城市算力需求方面，北京市作为超大城市，市域内各场景均积累了海量数据。北京市加速了构建各类新技术应用场景，以推动各类场景实验落地，大数据、云计算、人工智能等产业发展前景广阔，产业综合发展处于全国领先地位。北京市大数据企业众多，尤其是大型互联网公司的集聚，带来了庞大的算力需求。在城市算力供给方面，北京市在数据中心建设和应用上全国领先，数据中心的发展规模、发展质量、发展环境均稳居全国首位。但由于在北京市城6区范围内禁止新建和扩建数据中心，因此巨大的算力需求向北京郊区和环京周边区域外溢。北京市正积极提升网络建设水平，5G网络已实现五环内连续覆盖、五环外重点区域和典型应用场景精准覆盖。北京骨干网直联点已实现IPv6互联互通，这为北京市算力供需双方提供了更加便捷的通信网络支持。

天津市的算力供给与算力需求水平均处于样本城市中游，城市算力服务网发展指数得分为0.983，算力供需均衡。天津市积极发展数字经济产业，发力新型基础设施建设，并出台政策推动数据中心高质量发展。目前天津市建有超大型数据中心2个，大型数据中心4个，在用机架供应相对充足，但总量偏低，发展规模不大，以满足自身需求为主。

廊坊市和张家口市的算力需求度得分在22个样本城市中排名分别为17和20，算力需求水平不高；两市城市算力服务网发展指数得分分别为4.853和5.089，算力供给水平充足。在算力需求方面，廊坊市借助京津冀协同发展和雄安新区建设的带动，正逐步推动产业数字化，加快数字经济建设。张家口市利用大数据产业发展优势，布局张北云计算产业基地建设，并依托冬奥契机，持续开展数字经济场景落地。但从总体上看，无论廊坊市还是张家口市，数字经济整体体量较小，算力需求相对仍处于较低水平。在城市算力供给方面，廊坊市和张家口市依托地缘优势，积极搭建平台，并出台政策推动数据中心的建设。因处于北京数据中心统筹发展的协同区域，两市算力供给建设的主要目标是满足北京市内的中、高时延业务需求。两市共建有 11 个超大型数据中心、10 个大型数据中心，有力支撑了京津冀地区数字经济的协同发展。

2. 长三角

长三角地区城市算力服务网发展指数如表 19 和图 47 所示。整体上长三角地区数字经济发展迅速，对算力的需求均处于高位，大部分样本城市自身算力的供给难以满足其发展的需求。上海市算力供给、算力需求均处于样本城市前列，得分较高。除无锡市、淮南市算力供需较为平衡外，其余城市算力供给都未能得到满足。

表 19　长三角地区城市算力服务网发展指数

城市	算力供给度	算力供给度排名	算力需求度	算力需求度排名	城市算力服务网发展指数得分
上海市	59.83	2	59.05	2	0.889
苏州市	19.56	13	24.74	8	0.694
南京市	21.70	10	24.60	9	0.775
杭州市	22.42	8	29.62	5	0.665
合肥市	12.82	16	14.59	12	0.771
无锡市	17.34	14	15.43	11	0.987
南通市	11.28	17	11.66	13	0.850
淮南市	2.59	22	2.31	21	0.981

图 47　长三角地区城市算力需求度和算力供给度得分

上海市是全国一体化算力网络国家枢纽节点长三角地区的核心城市。从总体上看，上海市的算力供给和需求在样本城市中均排名第二，城市算力服务网发展指数得分为0.889，算力供给仍存在部分缺口。随着城市算力需求的不断增长，这一缺口还将持续扩大。在城市算力需求方面，据中国信通院及亿欧智库的数据报告，上海市数字经济的GDP占比已超过50%，仅次于北京，位居全国第二。上海市建设的上海国家大数据综合试验区，已使数据产业聚集发展，将带来巨大的算力需求。上海市拥有多家大型互联网企业，智能驾驶、人工智能、智慧医疗等多个应用领域发展迅速。上海市工业互联网相关企业数量位居全国前列，已推动包括集成电路、生物医药等领域的300多家企业进行创新工业互联网应用。随着未来数字经济的发展，上海市对于算力的需求还将增加。在城市算力供给方面，上海市也位于全国前列。上海市建有3个超大型数据中心、31个大型数据中心，数据中心发展较好。在网络建设上，上海市已实现中心城区和郊区重点区域5G连续覆盖；千兆宽带覆盖率达99%，已率先建成"双千兆宽带城市"，为上海市的算力供给提供了强有力的网络支持。

杭州市依托G20杭州峰会、亚运会的相关建设，其城市算力需求持续增加。城市算力服务网发展指数得分为0.665，呈现出较大的算力供给缺口。在算力需求方面，杭州市提出打造全国数字经济第一城，以推进数字产业化、产业数字化、城市数字化"三化融合"。同时，推进了传统基础设施数字化的改造建设。2020年杭州数字经济核心产业增加值同比增长了13.3%，数字经济已成为发展的重要推动力。杭州市实施数字经济"一号工程"，推进国家新一代人工智能创新发展试验区建设，大力培育具有国际竞争力的数字产业集群。从总体来看，杭州市数字经济发展迅速，发展实力雄厚，算力需求旺盛。在算力供给方面，杭州市建有超大型数据中心1个、大型数据中心10个，但还是很难满足城市产业发展所需的算力需求。在网络建设上，杭州市已经建成国家级互联网骨干直联点，每百万人拥有5G基站数高达52.45个，位居全国首位，为杭州市的算力供给提供了较大支持。

南京市为江苏省省会，城市算力供给和需求均位居高位，城市算力服务网指数为 0.775，呈现出算力供给不足。在城市算力需求方面，南京市于 2021 年 10 月印发了《南京市"十四五"数字经济发展规划》，提出争创全球一流数字经济名城，建设全国数字化科技先导区、数字化产业标杆区、数字化治理示范区、数字化生活引领区的数字经济建设目标。南京市作为全国首个"中国软件名城"，数字经济核心产业发展迅速，产业数字化转型发展逐步推进，为南京带来了巨大的算力需求。在城市算力供给方面，南京市率先成为全国首座双千兆省会城市，城乡千兆光网覆盖率达 100%，每万人拥有 5G 基站数达 17 个。南京市建有超大型数据中心 1 个，并接入了国家级骨干网；建有大型数据中心 7 个，总体发展规模较好。据国家 IPv6 发展监测平台数据测算，南京市 IPv6 指数排全国首位，城市网络建设全国领先，城市算力供给还有很大提升空间。

苏州市的算力需求度在样本城市中排名第八，但算力供给度相对较低，在样本城市中排名第十三。城市算力服务网指数得分为 0.694，分数偏低，显示其算力供给有较大缺口。在城市算力需求方面，苏州市经济实力稳居全国城市前列。苏州市重视数字经济发展，并提出率先建成全国"数字化引领转型升级"标杆城市。苏州市是央行首批数字货币试点城市，是全省首个区块链产业发展集聚区。全国 15 大工业互联网双跨平台已有 10 家落户苏州，拥有强大的算力需求空间。在算力供给方面，预计到 2023 年，苏州全市互联网数据中心将新增机架数 21.7 万架，可为苏州市增添更多算力供给，大幅度减小算力供需差距。

3. 粤港澳大湾区

粤港澳大湾区是我国开放程度最高、经济活力最强的区域之一，在国家发展大局中具有重要的战略地位，其城市算力服务网发展指数如表 20 和图 48 所示。其核心城市广州市和深圳市在算力供给度与算力需求度方面的得分均处于样本城市前列。但广州市的城市算力服务网发展指数为 1.099，表明算力供给稍有富余。而深圳市的城市算力服务网发展指数仅为 0.678，表明算力供给缺口较大。这是因为深圳市的算力需求度得分比广州市高 11.78，而算力供给度得分却比广州低 9.09，从而导致深圳市的算力网发展指数比广州市低很多。

表20 粤港澳大湾区城市算力服务网发展指数

城市	算力供给度	算力供给度排名	算力需求度	算力需求度排名	城市算力网发展指数得分
广州市	47.42	3	37.87	4	1.099
深圳市	38.33	4	49.65	3	0.678
珠海市	4.36	19	5.36	15	0.713

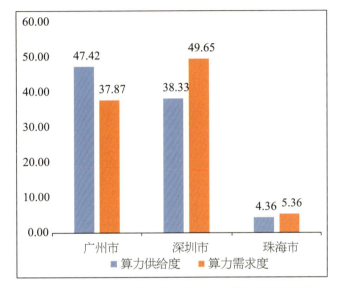

图48 粤港澳大湾区城市算力需求度和算力供给度得分

广州市是国家中心城市和综合性门户城市，也是粤港澳大湾区区域发展核心，在国家算力网络建设中具有重要的地位。城市算力服务网指数得分显示其城市算力供给较为充沛。在算力需求方面，广州市陆续出台了多项数字经济促进政策，以推动广州市建设成为国家数字经济创新发展试验区（广东）核心区。广州市明确高标准打造数字政府、数字经济和数字社会"三位一体"的广州智慧城市，目前已实现省市区三级数据共享交换，实现了公共服务事项100%可网上办理。在数字经济发展方面，2021年上半年广州市软件和信息技术服务业营收为2 889.68亿元，同比增长26.1%，算力需求向好。在算力供给方面，广州市积极部署算力供给建设战略，持续推进5G、新型数据中心、IPv6等新一代信息技术项目建设。广州市现有数据中心机架数34 676个，位居全省第1。并建有超大型数据中心2个、大型数据中心28个，整体接入网络级别较高。在网络建设方面，广州市已经建成国家级互联网骨干直联点，5G基站建设速度在国内城市当中最快，建设数量最多，

5G网络建设和应用发展已走在全国前列。

深圳市作为经济特区和全国性经济中心城市,数字经济发展迅速,且体量庞大,算力需求度排名样本城市前列。在算力需求方面,深圳市实施了"5G+8K+AI+云"的新引擎战略。同时,深入推进了"5G+千行百业""AI+千行百业"应用,以加速场景融合应用等多重算力建设。深圳市互联网产业发展迅速,大数据市场集中,产业辐射能力强。深圳市的高新技术企业也达7 000家,位居全国第三。深圳市正发力数字经济建设,算力需求庞大。在算力供给方面,深圳市提出构建"5G+千兆光网+智慧专网+卫星网+物联网"的基础设施体系,实现泛在高速网络连通,在政策上鼓励算力供给配套设施建设,以缩减供给缺口。同时,深圳市在全球率先实现了5G独立组网全市域覆盖。深圳市建有2个超大型数据中心、9个大型数据中心,但大部分仅接入城域网,连接的运营商类型也较为单一。从总体来看,由于其工业用地审批等方面的限制,深圳市数据中心建设受到制约,算力供需失衡,其算力供给的巨大缺口需要周边城市的算力进行填补。

4. 成渝地区

成渝地区城市算力服务网发展指数如表21和图49所示。成都市和重庆市在算力供给度和算力需求度得分均排名样本城市前列,城市算力服务网发展指数分别为0.907和0.912,表明两市算力供给均略小于算力需求,后续尚有算力供给发展空间。成渝一体化战略推动了成都市和重庆市数字经济产业迅速发展。凭借西南地区自然条件和能源优势,近年来成渝地区布局建设了大数据产业基地,统筹布局大型云计算中心和边缘计算数据中心,未来成渝地区算力供给能力将得到更大的提升。

表21 成渝地区城市算力服务网发展指数

城市	算力供给度	算力供给度排名	算力需求度	算力需求度排名	城市算力服务网发展指数得分
成都市	26.45	6	25.61	7	0.907
重庆市	29.27	5	28.18	6	0.912

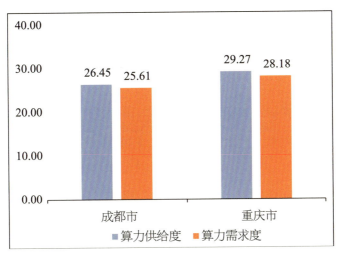

图 49 成渝地区城市算力需求度和算力供给度得分

成都市算力需求排名靠前，得益于成都市在数字经济方面发展迅速。成都市利用建设国家数字经济创新发展试验区、新一代人工智能创新发展试验区和国家人工智能创新应用先导区的政策优势，相继发布多项政策，以推动数字经济发展。近年来，成都市大力发展互联网产业，成功吸引多家大型互联网企业落地，带动了本地产业数字化转型，使得成都市对算力的需求进一步提升。在算力供给方面，成都市坚持高水平打造数字基建，已于 2017 年率先建成全国首个千兆省会城市，全面实现千兆光网覆盖，已具备千兆到户网络能力。成都市还致力于打造存算一体数据中心，借助国家互联网骨干节点的网络优势，推动成都市和周边市县数据中心直连。

重庆市相比成都市在算力供给度和算力需求度得分方面都更高，但整体上仍存在一定的算力供给缺口。在算力需求方面，重庆市发力建设国家数字经济创新发展试验区、新一代人工智能创新发展试验区，于 2020 年成功获批工业互联网标识解析五大国家顶级节点建设城市、国家首批 5G 规模组网和应用示范城市。重庆市将数字经济作为未来发展的战略选择，产业数字化和数字产业化为重庆市在算力上带来更大的需求。在算力供给方面，目前重庆市已建成超大型数据中心 3 个、大型数据中心 6 个，形成西部地区重要的数据中心集聚。在网络建设方面，成渝携手打造"千兆城市群"，全面推进千兆光纤网络覆盖。同时，重庆市已迈入我国城市5G建设的"第一梯队",重庆市依靠着大型数据中心布局和网络升级,在算力供给方面提升潜力巨大。

5. 中西部地区

中西部地区入选了5个样本城市,城市算力服务网指数如表22和图50所示。由于能源丰富、气候适宜,运营数据中心的成本较低,因此中西部地区城市算力供给度得分较高。尤其是贵阳市和呼和浩特市,算力供给处在样本城市前列,可为全国各大城市提供离线分析、备份、容灾等功能支持。而在算力需求方面,中西部地区的5个样本城市得分普遍偏低,与其他区域样本城市相比差距巨大。在城市算力服务网指数方面,除银川市得分为0.961(表明算力供需平衡)外,其余城市均处于算力供给远高于算力需求的状态,中西部地区的算力外溢明显。

表22 中西部地区城市算力服务网发展指数

城市	算力供给度	算力供给度排名	算力需求度	算力需求度排名	城市算力服务网发展指数得分
贵阳市	25.55	7	6.49	14	3.454
兰州市	10.32	18	4.61	16	1.966
银川市	3.29	21	3.01	19	0.961
呼和浩特市	20.78	12	3.37	18	5.412
乌兰察布市	3.77	20	0.81	22	4.086

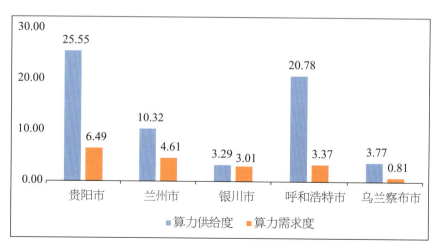

图50 中西部地区城市算力需求度和算力供给度得分

贵阳市是我国首个大数据综合试验区，在算力供给度和算力需求度方面的得分均位于中西部地区前列。城市算力服务网发展指数为 3.454，这表明算力供给能力远超算力需求。在算力需求方面，贵阳市在启动大数据综合试验区建设后，政策上为发展大数据及相关产业提供了重要支持。贵阳市正积极推动数字经济与实体经济的深度融合。贵阳市利用"云上贵州"贵阳分平台，实现了政府数据上云、数据贯通和统一管理，因此贵阳市政府数据共享交换平台被国家发改委推荐为典型案例。贵阳市在建设数字经济方面逐步发力，以提升算力需求。在算力供给方面，贵阳市在数据中心和网络建设方面成果斐然。在网络建设方面，贵阳市建成了国家级互联网骨干直联点和国际互联网数据专用通道，网络基础设施实力明显提升。贵阳市大力建设大数据中心，贵阳市和贵安新区已建成超大型数据中心 5 个，吸引了一批龙头企业将数据中心、灾备中心落地，形成贵阳数据与算力资源汇聚。贵阳市已成为西部地区算力供给的重要城市。

呼和浩特市是内蒙古建设全国一体化算力网络国家枢纽节点的核心城市，得益于气候环境、资源和地理位置的优势，算力供给度得分为 20.78，而算力需求度得分仅为 3.37，表明呼和浩特市在数字经济发展方面较弱。在算力需求方面，呼和浩特市建成电力调度、乳业生产等一批大数据平台，以推进企业登云，加快农牧业数字化转型。但从整体上看，囿于地理位置和经济发展制约，呼和浩特市数字经济总量相对较小，对算力需求较弱。在算力供给方面，呼和浩特市发挥自然气候条件和电力资源丰富的优势，全面推动数据中心建设，形成了"两大产业园区、三大数据中心、一批大数据应用"的发展格局，已初步形成了大数据技术研发、服务器制造、数据存储、超算及各类应用为一体的完整生态产业链，逾 20 家互联网巨头及政府客户已全面入驻。在网络建设方面，呼和浩特市初步完成了呼市 1 毫秒、呼—包鄂乌 2 毫秒、呼—京津冀 5 毫秒、呼—长三角 10 毫秒的超低时延圈战略布局，有力支撑了呼和浩特市向京津冀和长三角算力的高质量供给。

四、发展建议

（一）统筹全国算力服务网布局，加快算力服务平台建设，使算力服务跨域流通

我国经济发达地区数字产业的发展水平较高，对算力需求大。但由于地区能耗、产业结构配置等因素影响，许多地区不适合大批量建设大型数据中心等基础设施。与之相比，中西部地区自然环境条件优越、电力能源充足，在能源、土地、劳动力等方面具有成本优势，适宜大规模发展建设数据中心等基础设施。但中西部地区缺乏与大量数据中心配套的产业支撑，存在计算资源大量闲置。

因此，统筹全国算力服务网布局，促进"东数西算"产业落地是一项促进可持续发展、利国利民的"超级工程"。建议按照《算力枢纽实施方案》来引导超大型、大型数据中心建设，构建数据中心集群；推动京津冀、长三角、粤港澳大湾区、成渝等经济圈城市数据中心创新发展，鼓励中西部城市数据中心按需发展，承接一线城市外溢的后台加工、离线分析、存储备份等非实时算力需求。同时，加快算力在线调配和流通的虚拟化服务，统筹骨干网布局，使数据和算力服务实现跨域供给和流通。

（二）建设升级区域性算力服务平台，有效缓解数字经济发达区域的算力供需矛盾

建设"八大算力枢纽节点"是国家从能源、算力、数据、应用等一体化统筹布局视角，对我国发展数字经济的整体布局和设计，"东数西算"是更好地实现东西部区域协同发展，实现规模化、集约化的最优方案。但在东部沿海城市，随着数字政府的迭代升级、企业数字化转型的逐步深入，对常规云计算算力和人工智能训练推理算力资源需求的激增，规模化实时计算的供需矛盾越发突出。所以，加快城市和周边现有数据中心改造升级，加强绿色数据中心建设，支持高性能边缘数据中心发展是必由之路。

一是采用先进的光电磁一体化超级存储解决方案。在存储方式上，将占数据

总量80%左右的温、冷数据存储在蓝光介质上；在应用访问上，利用超存引擎完成热、温、冷数据自动调度。经大规模、长时间存储的比对分析，光电磁一体化超级存储解决方案的综合成本为传统磁存储成本的7‰左右。另外，蓝光存储具备突出的海量、绿色、安全、长期等技术特点，光电磁一体化超级存储是传统数据中心绿改升级的最优方案。

二是建设"超级存储＋超级算力"基础设施。根据城市实际发展需求，综合考量存算网成本，为大规模数据分析处理配套建设CPU+GPU+DPU组合式新一代人工智能数据中心，满足大规模训练推理算力需求，以促进城市算力服务网更精细化布局。

（三）推动核心技术自主创新，提升算力服务网的安全水平

安全是发展的前提，发展是安全的保障，所以必须有效防范和化解网络安全和数据安全领域的风险，全面加强重要领域数据资源、重要网络和信息系统以及个人信息的安全保障，为推进算力服务网建设运营提供前置条件。

一是要着力构建数据安全保障体系。建立健全数据安全管理、风险评估、检测认证等机制，构建贯穿基础网络、数据中心、云平台、数据、应用等一体协同安全保障体系。进一步完善适用于大数据环境下的数据分类分级保护制度，加强对海量数据汇聚融合的风险防护，强化数据资源全生命周期安全防护。加强重点领域数据安全管理，完善重要数据目录，强化政务数据安全。

二是要提升网络安全防护能力。防范数字新技术、新应用安全风险，密切跟踪产业发展动态，提升人工智能、5G、区块链、工业互联网、车联网等安全防护能力。加强网络安全基础设施建设，强化跨领域网络安全信息共享和协同。

三是要加大个人信息保护力度。推动重点行业建立完善长效保护机制，强化企业主体责任，规范企业收集使用个人信息行为。加强对生物特征等敏感个人信息的保护，深化违法违规收集使用个人信息的治理，坚决打击非法买卖个人信息、侵犯公民隐私等各类违法犯罪活动。完善个人信息安全事件举报受理渠道，切实

维护广大网民合法权益。深入开展个人信息安全防护知识技能宣传普及，提升全社会网络安全和数据安全意识。

（四）建立算力计量标准，打造规范统一的算力计量体系

算力服务网的普及和利用将成为数字社会发展的基石。对算力服务的合理计量，将会为算力赋能数字社会、服务产业发展带来便利，为我国建设算力枢纽与平衡算力提供重要参考。当前，我国及世界主要发达国家的算力服务网研究均处于起步阶段，都未建立规范的算力计量体系，这也将成为各国算力服务网发展的短板。

我国拥有全球最大的数字经济市场，建议各级政府要结合自身发展特点，以我国数据类型为基准，建立算力计量模型，形成标准化算力水平计量体系，并基于云、边、端各层面的产品形态进行测算。同时考量算力散失效应、网络技术限制效应等对算力的影响，使计量更加准确可靠。总而言之，应该制定出一套符合我国国情的算力计量标准。

参考文献

[1] 黄奇帆. 黄奇帆：数字经济时代，算力是国家与国家之间竞争的核心竞争力 [J]. 中国经济周刊（2020年第21期）.

[2] 算力网络（CFN）在网络5.0产业和技术创新联盟启动特设组筹备工作. http：//www.c114.com.cn/news/16/a1101461.html.

[3] 雷波. 中国电信研究院. 多方资源整合、算力网路有望实现计算资源利用率最优. http：//networking.ctocio.com.cn/networking/2020/0330/14414.html.

[4] 唐雄燕，曹畅，李建飞等. 算力网络前沿报告（2020年）[R].

[5] 浪潮信息，IDC. 2020全球计算力指数评估报告 [R].

[6] 郑晨. 前瞻研究院. 2020年全球IDC行业市场规模及发展前景分析 [R].

[7] 工信部信息通信发展司. 全国数据中心应用发展指引（2020）[R].

[8] 赛迪顾问2021数字经济城市发展百强榜重磅发布. https：//www.sohu.com/a/488116415_378413.

[9] 国家IPv6发展监测平台. https：//www.china-ipv6.cn/#/.

[10] 智研咨询《2021年中国各省市区、各副省级城市软件和信息技术服务业企业数量、营业收入及利润总额分析》[R].